*Help, een spreekbeurt!*
Of erger nog, een werkstuk...

STICHTING NEDERLANDSE
**KINDERJURY**
2003

Derde druk, 2003
ISBN 90 269 9555 5

© 2003 Uitgeverij Van Holkema & Warendorf
Unieboek BV, Postbus 97, 3990 DB Houten

www.unieboek.nl

Tekst: Annemarie Bon
Illustraties: Georgien Overwater
Vormgeving: Toine Post

# Help, een spreekbeurt!
## Of erger nog, een werkstuk...

Annemarie Bon

*Illustraties van Georgien Overwater*

Van Holkema & Warendorf

# Inhoud

1 Zoek een leuk onderwerp 9
2 Zo werkt de bibliotheek 18
3 Surfen op het internet 22
4 Word detective en zoek zelf informatie 27
5 Orde op zaken 39
6 Zo schrijf je een werkstuk 43
7 Een lesje vormgeven 50
8 Zonder computer kan het ook 54
9 Zelf foto's maken 58
10 Een omslag, een map of een boekje 61
11 De beste spreekbeurttips 64
12 De Nationale Spreekbeurtactie 69

# Inleiding

Heb jij dat nou ook, dat je helemaal in de stress schiet, als jij aan de beurt bent voor een werkstuk of een spreekbeurt? Je weet niet waar je het over zult doen. Je vindt geen goede informatie; alleen veel te dunne of veel te dikke boeken. Je weet gewoon niet hoe je moet beginnen. Daarom stel je het maar uit en uit en uit... tot de laatste avond. En dan roep je ineens: 'Help, ik moet morgen mijn werkstuk af hebben.'

Voor alle kinderen die een goed werkstuk willen maken en die er ook nog plezier in willen hebben, is dit boek. Je kunt het helemaal lezen, maar je kunt er ook hoofdstukken uit gebruiken.

Bijvoorbeeld het hoofdstuk over hoe je het beste foto's kunt maken voor je werkstuk. Of over hoe je een goede tekst schrijft. Je kunt ook alleen zoeken in de lijst internetadressen met spreekbeurtensites. Veel hoofdstukken in dit boek zijn handig voor spreekbeurten én werkstukken. Sommige hoofdstukken gaan alleen over een van de twee. Het wijst zich vanzelf. Je zult zien dat je er zoveel plezier in krijgt dat je straks nooit meer zegt: 'Help, een spreekbeurt!' Nee, je roept juist: 'Yes, een spreekbeurt!'

# 1 Zoek een leuk onderwerp

Het moeilijkste aan een werkstuk maken of een spreekbeurt voorbereiden, is *beginnen*. Dat kun je daarom maar het beste zo snel mogelijk doen. Dan heb je tenminste het moeilijkste vast achter de rug!

Snel beginnen heeft trouwens nog meer voordelen. Je hebt ruimte om te kiezen uit onderwerpen als je nog een beetje twijfelt. Je hebt alle tijd om naar een museum te gaan of iemand om raad te vragen die veel van het onderwerp weet. En is een speciaal boek uitgeleend bij de bibliotheek? Jij hebt tijd genoeg om even te wachten.

Mensen die zeggen dat je onder tijdsdruk het beste presteert, moet je niet geloven. Wie op het laatste nippertje werkt, heeft geen tijd om plaatjes te zoeken, laat staan zelf foto's of mooie tekeningen te maken voor in zijn werkstuk. En wie maakt er 's avonds om tien uur nog een omslag of een map? Niemand, of je moet een gekke vader of moeder hebben...

Je juf of meester zal je minstens zes weken de tijd geven om een spreekbeurt voor te bereiden of een werkstuk te maken. Die tijd heb je ook nodig. Soms krijg je aan het begin van een schooljaar al te horen wanneer je aan de beurt bent. Misschien is dat pas over vier maanden! Zet dan vier tot zes weken van tevoren op de kalender of in je agenda dat je wilt beginnen. Het werkt handig als je een planning maakt voor je voorbereidingen. Zo kan je planning eruitzien:

Week 1  onderwerp kiezen.

Week 2  informatie verzamelen; naar de bibliotheek, surfen op het internet, afspraak maken met een kennis die veel over het onderwerp weet.

Week 3  informatie verzamelen; naar een museum, interview met een kennis die veel over het onderwerp weet, enquête houden.

Week 4  informatie lezen, ordenen, hoofdstukindeling maken.

Week 5  schrijven van het werkstuk; uitwerken van de informatie van de spreekbeurt.

Week 6  plaatjes zoeken bij het werkstuk en het mooi vormgeven; interessante voorwerpen zoeken om te laten zien bij de spreekbeurt en oefenen.

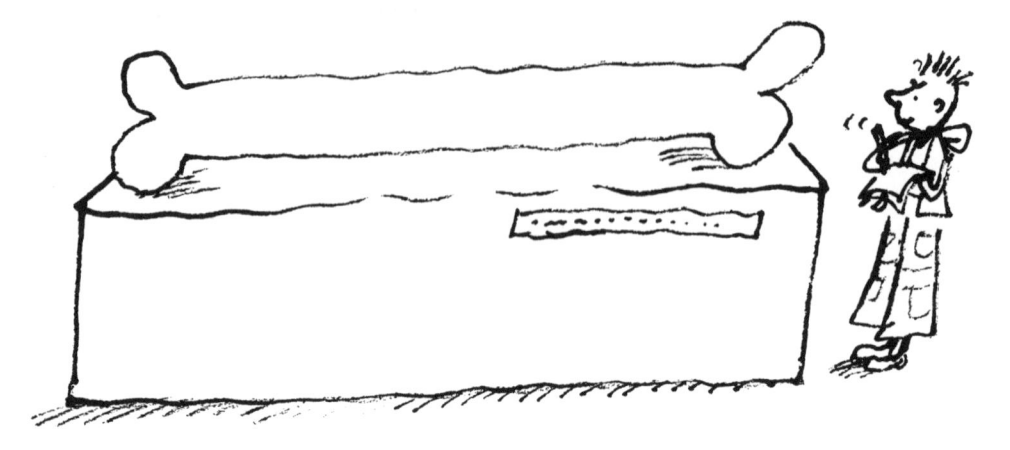

*Kiezen: eh, eh, eh...*
Denk eens aan je klas. Hoeveel kinderen hebben een spreekbeurt gehouden of een werkstuk gemaakt over een huisdier, zoals een konijn, een hond, een paard of een kat? En hoeveel kinderen namen als onderwerp voetbal, of een popgroep? Jij gaat dat nou een keertje niet doen. Het is veel leuker om een onderwerp te kiezen dat nog niemand genomen heeft. Als je een dier kiest, neem dan een bijzonder dier zoals een rat, een spin of een krokodil. Je kiest iets engs, of iets spannends.

Of je neemt wel dat veelgekozen dier, maar je pakt het op een bijzondere manier aan. Je hebt het niet zomaar over een hond, maar alleen over hoe goed een hond kan ruiken. Je onderwerp wordt dan bijvoorbeeld: 'Speurhonden bij de politie'. Dat klinkt direct veel spannender dan: 'De hond'. Of je kiest niet: 'Het konijn', maar: 'Wat is het verschil tussen een haas en een konijn?' Daar wil je wel meer over weten. En in plaats van: 'Het paard', zou je 'Het paard van Anky van Grunsven' of een andere beroemde paardrijdster kunnen nemen.

**1 April**
**Als je een onderwerp op een speciale manier aanpakt, kies je een 'invalshoek'. De invalshoek is belangrijk voor journalisten bij tijdschriften en kranten. Over hetzelfde onderwerp komt toch vaak een nieuw artikel. In een kinderblad horen bijvoorbeeld op 1 april grapjes te staan. Altijd een bladzijde met een paar grapjes die kinderen kunnen uithalen is saai. Dan weten de lezers precies wat er gaat komen. Daarom ziet een kinderblad er op 1 april steeds anders uit. De ene keer staan er grapjes in die de lezers zelf hebben opgestuurd. De andere keer worden de lezers zelf voor de gek gehouden. In het kinderblad** *Taptoe* **werd een keer het zaad van een Engelse dropplant verloot. Een andere keer maakten kinderen kans op een vliegmodule, waarmee je zelf kon vliegen. Dozen vol met**

inzendingen kwamen bij *Taptoe* binnen. De redactie van *Taptoe* heeft ook wel eens grapjes bedacht die de lezers konden uitvoeren. Kinderen moesten het schoolbord met droge zeep insmeren. De juf of meester kon dan niet meer op het bord schrijven. Met water zou het bord zo weer schoon zijn. Helaas lukte dat bij veel schoolborden niet. Veel kinderen kregen straf voor die mislukte 1-aprilgrap. *Taptoe* zelf trouwens ook.

Als je een onderwerp zoekt, kies dan in elk geval iets waar je nieuwsgierig naar bent. Misschien weet je al wat van sterrenkunde af en ben je daar erg enthousiast over. Dan is dat een perfect onderwerp voor je. Het kan ook zijn dat je van iets juist niet zo veel af weet. Een spreekbeurt of werkstuk is dan een goede aanleiding om je eens lekker in het onderwerp te gaan verdiepen. En heb je ergens een duidelijke mening over, dan kan dat ook een geweldige spreekbeurt of een goed werkstuk opleveren. Als je bijvoorbeeld tegen de bio-industrie bent, of voor Greenpeace, reken maar dat je dan niet saai praat of schrijft! En dat is het belangrijkste: je moet het zelf interessant vinden!
Kies geen onderwerp waar iedereen al alles over weet. Als je daarover moet lezen of daarnaar moet luisteren, val je zo in slaap! Je meester of juf zal verrast zijn als jij met een bijzonder onderwerp aankomt. En met hoe meer plezier die je werkstuk leest, hoe hoger je cijfer zal zijn. Ook de kinderen in je klas zijn nieuwsgierig als jij met een leuk onderwerp komt aanzetten voor je spreekbeurt. Vraag je dus altijd af of het onderwerp leuk is voor de klas en je juf of meester.

Aan het eind van dit hoofdstuk staat een lijst met mogelijke onderwerpen. Kijk maar of daar iets bij zit.

### Lekker bladeren

Heb je nog steeds geen goed idee? Ga dan naar de boekenkast, pak een stapel tijdschriften of de krant. Ga bladeren en

snuffelen. Net zo lang totdat je merkt dat je begint te lezen, omdat je nieuwsgierig bent geworden naar een onderwerp. Hé, is dat geen goed idee? En kijk ook eens op de posters met onderwerpen in het documentatiecentrum op school.
Op de posters staan alle titels van de informatieboekjes van *De Ruiter*. Bijna alle scholen hebben die boekjes.

### *Doe de onderwerptest*
Wil je weten of je een goed onderwerp hebt gekozen? Doe dan de volgende test.

1. Weet je al iets van het onderwerp af?
2. Ben je nieuwsgierig naar het onderwerp en wil je er nog veel meer over weten?
3. Denk je dat je klasgenoten of de lezers van je werkstuk nieuwsgierig zijn naar het onderwerp?
4. Heeft nog niemand in je klas over dit onderwerp een werkstuk gemaakt of een spreekbeurt gehouden?
5. Is het onderwerp voor iedereen goed te begrijpen?
6. Is het onderwerp niet te uitgebreid? Krijg je alles wel verteld of opgeschreven in één spreekbeurt of werkstuk?
7. Kun je genoeg informatie vinden over dit onderwerp?
8. Ken je iemand die veel van het onderwerp af weet en die jou wil helpen met nakijken bijvoorbeeld?
9. Heb je plaatjes of foto's om je onderwerp te verduidelijken? Of heb je materiaal om te laten zien als je een spreekbeurt houdt?
10. Heb je een eigen mening over je onderwerp?

Als je op alle vragen 'ja' hebt geantwoord, kun je geen beter onderwerp bedenken. Ga meteen aan de slag. Als je op bijna alle vragen 'ja' hebt geantwoord, is het onderwerp niet slecht. Misschien kun je van sommige 'nee's' nog 'ja's' maken. Heb je op bijna alle vragen 'nee' geantwoord, kies dan snel een ander onderwerp!

*Een verplicht onderwerp*
Soms is het helemaal niet moeilijk om een onderwerp te kiezen. Dan heb je een verplicht onderwerp. Veel kinderen moeten bijvoorbeeld een werkstuk over een land maken voor wereldoriëntatie. Probeer een land te kiezen dat nog niet aan bod is geweest. Je kunt ook een land kiezen waar je wel eens geweest bent of waar iemand woont die je kent.

*Lijst met interessante en spannende onderwerpen*
Om je te helpen, staat hier een lijst met spannende en interessante onderwerpen. Kijk maar of er toevallig iets voor jou bij zit. Anders kom je misschien vanzelf wel op een goed idee.

*Hobby's, heel geschikt voor spreekbeurten*
- Geef een minicursus striptekenen.
- Vertel wat over je muziekinstrument en speel een paar liedjes.
- Ga met de klas koken zonder vuur.
- Leer de klas eerst een leuke dans en ga er daarna wat over vertellen.
- Zijn poppen je hobby? Zoek dan eens een echte poppendokter en vraag of die met je mee naar school wil!
- Met goocheltrucs is succes verzekerd. Vertel veel, laat een spannende truc zien, maar verklap nooit het geheim!
- Films en filmsterren; vooral leuk als je zelf een videofilm kunt monteren met de leukste fragmenten.
- De geschiedenis van soapseries.
- Er zijn achtbanenfreaks. Die proberen pretparken over de hele wereld uit. Ideetje voor je om in Nederland te beginnen?
- Laat je collectie sciencefiction zien.
- Leer je klas hutten bouwen, knopen maken of laat survivaltrucs zien die je bij scouting hebt geleerd.
- Laat je tante met haar motor naar school komen. Jij vertelt erover.
- Neem je verzameling stenen en fossielen mee en vertel erover.

*Sporten*
- Snowboarden; extra leuk met foto's en een snowboard om te laten zien.
- Bergbeklimmen; misschien krijg je een instructeur wel zo gek dat hij van het schooldak gaat abseilen! Natuurlijk moet je dat van tevoren goed met je meester of juf regelen.
- Neem een echte duiker in duikpak mee naar school en vertel daarna over de duiksport.
- Geef een demonstratie judo, taekwondo of een andere stoere verdedigingssport. Zorg dat je een hulpje hebt.
- Neem een modelzeilboot mee en leg uit hoe zeilen werkt.
- Geef met een paar kinderen uit je klas een demonstratie streetdance. Vertel er daarna iets over.
- Natuurlijk is voetbal altijd raak; zorg wel voor leuke weetjes. Vertel bijvoorbeeld van alles over de voetbal zelf.

*Ziekten*
- Kleurenblindheid en de problemen die dat geeft. Hoe loop je bijvoorbeeld een wandeling langs gekleurde paaltjes?
- Suikerziekte en jezelf een spuitje geven
- Doofheid en gebarentaal
- Blindheid en braille
- Astma en rokers in de buurt
- Allergie. Waar kun je allemaal allergisch voor zijn? Wat mag je dan allemaal niet?

*Beroepen*
- Journalist
- Kinderboekenschrijver
- Dierenverzorger in de dierentuin
- Clown
- Goochelaar
- Tandarts
- Brandweerman/-vrouw
- Fotograaf
- Kok
- Politieagent; neem de wijkagent mee naar school
- Archeoloog

*Geschiedenis*
- Het leven van een Romeinse soldaat
- De boten van de Noormannen
- De zeven wereldwonderen
- Plassen en poepen door de eeuwen heen
- Hoe overleefde een piraat?
- De geschiedenis van de fiets
- Zo bouw je een piramide
- De Olympische Spelen

*Dat vind ik*
- Waarom ik Ranger ben
- Waarom ik geen vlees eet
- Waarom ik tegen discriminatie ben
- Waarom pesten gemeen is en wat je ertegen kunt doen
- Waarom ik zuinig met water en energie ben
- Waarom ik een hekel aan meneren met stropdassen heb
- Waarom reclame voor sigaretten verboden moet worden

*Bijzondere mensen*
- Anne Frank
- Annie M.G. Schmidt
- Koningin Beatrix
- Mahatma Ghandi
- Thomas Edison
- Máxima Zorreguieta
- Charles Darwin
- Michelangelo

*Gekke onderwerpen*
- Insecten kun je eten
- De lucht in met vliegers
- Vingerafdrukken
- Scheepswrakken op de bodem van de zee
- Harry Potter

*Natuur*
- Vuur uit de aarde: vulkanen
- De verwoestende kracht van tornado's
- Dorst in de woestijn
- Het ontstaan van de aarde
- Vleesetende planten
- Gekke weetjes over je lijf

*Dieren*
- De eekhoorn heeft het druk in de herfst
- Ratten zijn leuker dan je denkt
- Pinguïns zijn coole vogels
- Speurhonden bij de politie
- Beroemde paarden
- Uitgestorven en prehistorische dieren
- Getver, stinkdieren!
- Kriebelbeestjes
- Dieren met ingebouwde buidels

*Techniek*
- Zo maak je leuke foto's
- Zo zet je een hijskraan op
- Alles over kleuren
- Alles over internet

# 2 Zo werkt de bibliotheek

Beginnen is niet hetzelfde als meteen gaan schrijven. Integendeel, beginnen betekent zoeken, zoeken en nog eens zoeken naar informatie over je onderwerp. En dat geldt net zo goed voor een werkstuk als voor een spreekbeurt. De meest logische stap is zoeken naar geschikte boeken in de bibliotheek.

Informatie uit een boek heeft veel voordelen: iets nazoeken in een boek is prettiger dan op een computerscherm. Informatie uit een boek klopt meestal. Bij informatie die je van het internet haalt of die je van iemand anders hoort, weet je niet altijd zeker of die klopt. Zeker als je werkstukken van andere kinderen leest, moet je altijd controleren of het wel echt waar is wat ze schrijven. Informatie van bijvoorbeeld een uitgeverij of van een museum kun je wel vertrouwen.

### De openbare bibliotheek

De openbare bibliotheek is een fantastische instelling. In Nederland zijn zo'n 1.250 vestigingen. Daarbij zijn de bibliobussen niet eens meegerekend.

Voor iedereen tot 16 jaar is het lidmaatschap gratis, een enkele bibliotheek uitgezonderd. Bovendien kun je gratis boeken lenen. Dat lenen kent natuurlijk wel grenzen. Je mag meestal niet meer dan zes boeken tegelijk lenen en deze niet langer dan een bepaald aantal weken in huis houden. Maar daar valt mee te leven!

In een middelgrote bibliotheek staan duizenden en duizenden boeken. Daar staan heel wat kinderboeken bij. Al die boeken zijn opgeslagen in een grote catalogus op de computer. Jij kunt in de catalogus gaan snuffelen naar boeken, documentatiemappen en video's over

jouw onderwerp. In de bibliotheek vind je een aantal computers. Je kunt daar zoeken op titel, auteur, onderwerp en trefwoord. Zo vind je wat je zoekt. De computer geeft aan welke boeken er over jouw onderwerp gaan, of ze aanwezig zijn in de bibliotheek en waar je ze kunt vinden. Elk bibliotheekboek heeft namelijk een nummer. Dat is in elke bibliotheek hetzelfde. De boeken staan in de kasten geordend op nummer. Als je niet precies weet wat je zoekt, kun je in de bibliotheek naar de kast lopen waarin boeken over jouw onderwerp staan. Je kunt dan fijn snuffelen en kijken of je iets kunt vinden.
Je hebt het mis als je denkt dat je in de bibliotheek alleen maar boeken kunt vinden. In elke bieb is een studiezaal met tijdschriften en kranten. Je vindt er video's, cd-roms, muziek-cd's, mappen met dia's en encyclopedieën. Helemaal handig zijn de documentatiemappen. Daarin vind je informatie over schrijvers, maar ook over allerlei interessante onderwerpen. Veel informatie in de documentatiemappen komt uit tijdschriften. Tijdschriften en documentatiemappen leent de bieb niet uit. Gelukkig is er meestal wel een kopieerapparaat.

Ook via internet kun je zoeken in de catalogus van de bibliotheek. Ga naar www.biblioweb.nl. Op precies dezelfde manier kun je zoeken op auteur, titel, onderwerp en trefwoord. En op precies dezelfde manier kun je zien of een boek aanwezig of uitgeleend is. Je kunt het zelfs vanaf je computer thuis reserveren. Via internet kun jij in de catalogus van de bibliotheek in jouw stad of dorp.

*Hulp*
In elke bibliotheek is een inlichtingenbalie. Iedereen die lid wordt, krijgt een rondleiding en wordt wegwijs gemaakt. Ook mensen die al een tijdje lid zijn, kunnen hier altijd terecht voor hulp. En goed om te weten: kinderen hebben meestal een streepje voor!

*Gratis internetten*
Wist je dat elke openbare bibliotheek een publiekscomputer heeft? Vaak mag je daar gratis en voor niks een tijdje op internetten. Ja, gewoon ieder op zijn beurt. Voor de nieuwste weetjes en ontwikkelingen moet je toch echt op internet zijn. Want voordat informatie is gedrukt in een boek, is die vaak alweer verouderd. Een boek maken kost nou eenmaal veel tijd. Daar heb je op internet geen last van. Je vindt er altijd het laatste nieuws!

### Het documentatiecentrum op school

De kans is groot dat er bij jou op school een documentatiecentrum is. En dat daar bakken staan met kleine boekjes over allerlei onderwerpen. Die boekjes staan ook in de bibliotheek. Maar vooral op school worden ze gebruikt voor werkstukken en spreekbeurten.
Er zijn vier soorten. *De Kijkdoos* is voor kleuters en groep 3 en 4. *Mini Informatie* is bedoeld voor groep 3, 4 en 5. *Junior Informatie* voor groep 5, 6 en 7.
Met *Informatie voor groep 7 en 8* kun je echt vooruit als je een werkstuk moet maken. Over talloze onderwerpen zijn er boekjes. Het grote voordeel is dat je snel de informatie bij de hand hebt.

In 1971 verscheen het eerste Informatieboekje. Het heette *De Krant*. Sinds die tijd zijn er 2.500 titels verschenen! Niet dat al die titels nuttig zijn. Aan een boekje over de krant uit 1971 heb je niets. Want de krant was toen wel wat anders dan de krant van nu. In 1971 stond het nieuws bijvoorbeeld nog niet op de website van de krant. En op het kantoor van de krant gebruikte zelfs nog niemand een computer.
Of denk eens aan een boekje over de telefoon. Toen dat lang geleden verscheen, kon niemand zich voorstellen dat een mobieltje de normaalste zaak van de wereld zou worden. Niemand vermoedde zelfs dat er mobiele telefonie zou komen.
Let er bij zulke boekjes dus goed op dat ze niet te oud zijn. Je ziet het vanzelf. Staan er hele ouderwetse auto's in, terwijl het onderwerp niet 'de geschiedenis van de auto' is, dan is het boekje te oud. Ook kun je het zien aan foto's van kinderen die lijken op de kinderfoto's van je ouders. De kans dat de informatie uit die boekjes niet meer klopt, is dan wel groot. Kies daarom liever boekjes die niet ouder zijn dan een jaar of vijftien. Al gaat het ene onderwerp natuurlijk langer mee dan het andere. Hoe oud een boekje is, kun je voorin zien. Daar staat het colofon.

---

ISBN 90 269 9555 5

© 2002 Uitgeverij Van Holkema & Warendorf
Unieboek BV, Postbus 97, 3990 DB Houten

www.unieboek.nl

Tekst: Annemarie Bon
Illustraties: Georgien Overwater
Vormgeving: Toine Post

In het colofon zie je wie een boekje heeft geschreven, wie de foto's heeft gemaakt en nog meer van zulke dingen. Er staat ook een jaartal in. In dat jaar kwam het boekje uit. In sommige boeken zie je een hele lijst met jaartallen. De eerste druk, de tweede druk, tot en met de weet-ik-hoeveelste druk. Dat is alleen bij boeken die vaker gedrukt worden, van heel populaire schrijvers bijvoorbeeld, zoals Jacques Vriens.

Is er bij jou op school een computer in het documentatiecentrum? Vraag dan ook eens naar de DocuKit. Dat is een cd-rom waarop informatie over honderden en honderden boekjes staat, opgevrolijkt met foto's, geluidjes en filmpjes. Het is een handig hulpmiddel bij het zoeken naar een leuk onderwerp.

Weet je trouwens wat de populairste onderwerpen zijn? Bij de *Informatie*-boekjes is de top 5:
▶ De automonteur
▶ Frankrijk
▶ Italië
▶ Konijnen
▶ Drugs

Bij de *Junior-Informatie*-boekjes is de top 5:
▶ De kinderboerderij
▶ Het zwembad
▶ De boerderij
▶ De dierenarts
▶ Het paard

Neem die onderwerpen dus maar liever niet! Of kies een andere invalshoek.

# 3 Surfen op het internet

Moderne kinderen zoeken hun informatie natuurlijk niet alleen in boeken. Kinderen van nu zijn wereldkinderen. Zij zoeken op het wereldwijde web!
Ben je nog geen wereldkind, maar wil je het graag worden? Dan krijg je hier de beste surftips. Eén ding moet je wel beloven: vraag altijd eerst aan je ouders of je mag internetten! En kom je toevallig op een rare site terecht met onfatsoenlijke plaatjes en tekst? Klik dan gewoon op Back (of: Vorige) linksboven in de balk en maak je er niet druk om. Sommige ouders installeren een filter op de computer waardoor je niet op bepaalde sites komt. Een site waar het woord 'sex' op voorkomt, is dan bijvoorbeeld afgesloten. Dat is niet altijd handig. Denk maar aan de site van 3VO met het verkeer*sex*amen! Dat merkten sommige scholen tenminste. Hun leerlingen konden niet oefenen op het internet. Door filters kun je veel interessante sites mislopen.

### Handige zoekhulpjes
Op het internet kun je gemakkelijk de weg kwijtraken. Er zijn twee manieren om goed te zoeken.
Allereerst kun je naar adressen gaan

waarover je hebt gelezen. Aan het eind van dit hoofdstuk staan een heleboel interessante websites. Je typt het adres in en drukt op enter.
Een tweede manier is om gebruik te maken van een zoekmachine (een *search engine*). 'Ilse' is een Nederlandstalige zoekmachine, die gemakkelijk in het gebruik is. Je hoeft alleen maar een of meer trefwoorden in te typen. De zoekmachine zoekt over de hele wereld naar sites waarin jouw trefwoorden voorkomen.

*zoekmachine*

Je krijgt een lijst met adressen van sites. Als je zo'n adres aanklikt, dan krijg je die site te zien.
Het is belangrijk om zo precies mogelijk te zijn met je zoekwoord. Wil je bijvoorbeeld iets weten over doodshoofdaapjes? Typ dan niet 'aap' in, want dat levert je een lijst op van bijna 100.000 sites! Als je 'doodshoofdaapje' intypt, dan zijn dat er nog maar zo'n 40.

Zoek je op twee woorden, bijvoorbeeld aap en voedsel, dan moet je eraan denken dat je die woorden samen tussen aanhalingstekens zet. Dus 'aap voedsel'. De zoekmachine zoekt dan alleen op sites waarop die woorden samen voorkomen. En dat scheelt jou een hoop gezoek. Kijk voor de zekerheid bij *Help*, want niet alle zoekmachines werken hetzelfde. Soms betekent 'aap voedsel', dat een zoekmachine alleen sites zoekt waarop aap en voedsel letterlijk samen en naast elkaar voorkomen. Wat ook handig werkt, is om eerst binnen een categorie te zoeken: een land, sport, voetbal of schaatsen bijvoorbeeld.

Probeer maar eens bij de volgende zoekmachines welke prettig is voor jou:
▶ www.ilse.nl – deze zoekmachine is gemakkelijk voor kinderen.
▶ www.yahooligans.com – deze zoekmachine is speciaal voor kinderen.
▶ www.netwijs.nl – dé zoekmachine voor kinderen met links naar duizenden websites.
Je kunt bij een zoekmachine de taal instellen, zodat er alleen naar Nederlandse sites wordt gezocht.

### *De leukste spreekbeurtensites*

Bij de samenstelling van deze internetsites is erop gelet dat het sites zijn van grote en betrouwbare organisaties. De kans dat ze lang blijven bestaan is daardoor groot. Toch kan het altijd zijn dat een van deze websites opgeheven is.

### www.collegenet.nl

Een site met meer dan 7.500 boekverslagen, spreekbeurten en werkstukken van scholieren. Houd er wel rekening mee dat er in een werkstuk fouten kunnen zitten.

### www.dierentuin.net

Dit is dé site als je informatie zoekt over dieren. In de dierendatabase is informatie opgeslagen over meer dan 1.500 diersoorten. Je kunt van al die diersoorten een plaatje downloaden. Op de site staan links naar alle dierentuinen in Nederland. Daar vind je nog veel meer dierenweetjes.

### www.digischool.bart.nl

In deze digitale school kun je informatie vinden over allerlei vakken, zoals wereldoriëntatie, geschiedenis en biologie. Je kunt kiezen uit vier niveaus: kleuters, groep 3-4, groep 5-6 en groep 7-8.

### www.goudenmuis.nl

Je vindt hier veel informatie over schrijvers en boeken. En je kunt bovendien chatten met de schrijver van de maand.

### www.jeugdjournaal.nl

Dit is een leuke site als je meer informatie wilt hebben over een onderwerp dat in het nieuws is.

### www.kennisnet.nl

Deze site is bedoeld voor alle scholen van Nederland. Je vindt er onder andere leuke links, een internetkrant en veel leerzame spellen. Het figuurtje Basisbot helpt je verder met informatie zoeken voor een spreekbeurt.

### www.hetklokhuis.nl

Ben jij een Klokhuisfan? Ga dan snel snuffelen in de dossiers boordevol informatie op deze site van Het Klokhuis.

**www.kidsplanet.nl**
Hier kun je honderden werkstukken van kinderen van de basisschool lezen. Denk eraan dat de informatie die je hier vindt, niet per se waar hoeft te zijn.

**www.kinderpagina.nl**
Dit is een startpagina voor kindersites. Je vindt er veel links.

**www.landen.pagina.nl**
Deze pagina is een startpagina naar startpagina's over nagenoeg alle landen van de wereld. De site is in het Nederlands. Wie een werkstuk over een land moet maken, kan hier zijn hart ophalen. Ook zijn er startpagina's naar wereldsteden.

**www.leesplein.nl**
Op deze site, ontwikkeld door de openbare bibliotheken, vind je alle informatie over kinderboeken en hun schrijvers. Je kunt zoeken op de naam van de schrijver en op de titel van een boek. Ook vind je links naar andere boekensites, weetjes en spelletjes.

**www.museumserver.nl**
Hier staan alle musea van Nederland bij elkaar. Je kunt zoeken op alfabet, soort museum en plaats. Je kunt meteen doorlinken naar de site van een museum.

**www.puntuit.tv**
Deze site kan je goed van pas komen. Er is enorm veel betrouwbare informatie te downloaden over honderden onderwerpen, van aardgas en afval tot zeilen en zuivel.

**www.scholieren.com**
Dit is een site met duizenden werkstukken van middelbare scholieren. Denk er wel aan dat niet alles hoeft te kloppen wat er in deze werkstukken staat!

**www.spacelink.nasa.gov**
Deze site is wel in het Engels. Begrijp je dat niet zo goed, dan heb je niet veel aan de informatie. Maar om al die prachtige foto's te downloaden, hoef je gelukkig geen Engels te snappen.

**www.spreekbeurt.pagina.nl**
Dit is een startpagina voor spreekbeurten. Je vindt er veel links.

**www.sterrenkids.nl**
Zoek je informatie over ruimtevaart, sterrenkunde of wil je de sterrenkaart downloaden voor de komende tijd? Dan zit je hier goed.

**www.taptoe.nl**
Een site boordevol informatie over allerlei onderwerpen. Van ieder onderwerp kun je ook plaatjes uitprinten om bij je werkstuk te plakken. Naast informatie vind je links naar andere sites. De site wordt steeds uitgebreider. Je kunt er nu al informatie vinden over meer dan 150 onderwerpen uit de rubrieken helden, techniek, cultuur, beroepen, dieren, sport, landen en belangrijke kinderzaken. Ook handig als je nog aan het piekeren bent over een onderwerp, want zo doe je vanzelf ideeën op. En heel fijn: alle informatie is betrouwbaar!

**www.watzoekje.nl**
Een heel handige verzamelsite met informatie over en links naar andere sites. Alle sites zijn geselecteerd door Biblioservice Gelderland.

**www.werkstuk.pagina.nl**
Dit is een startpagina voor werkstukken. Je vindt er veel links.

**www.dwk.nl**
De digitale kast, zo heet deze site. Het is een werkstukkenproject van en voor kinderen op de basisschool. In de digitale kast kun je veel informatie vinden.

**www.wnf.nl/rangerclub**
In de dierenbieb van de Rangersclub van het Wereld Natuur Fonds vind je betrouwbare informatiebladen om te downloaden.

**www.3vo.nl/jvk**
Wil je meer weten over een verkeersonderwerp? Of over de auto, de trein of vliegmachines? Kijk dan in de encyclopedie op deze verkeerssite.

# 4 Word detective en zoek zelf informatie

Natuurlijk vind je heel veel informatie in de bibliotheek en op het internet. Meer dan genoeg om een fantastisch werkstuk te maken in elk geval. Maar nog leuker is het om zelf op zoek te gaan naar informatie, om je eigen onderzoek te gaan doen.

Hoe kom je te weten dat er achter en boven de aquaria in dierentuin Artis grote ruimtes zijn waar de vissen verzorgd en gevoederd worden? Door op een open dag met een rondleiding mee te gaan.

Hoe weet je hoe turfstekers vroeger leefden en veen ontstaat? Door naar het Veenpark in Barger-Compascuum te gaan.

Hoe kom je erachter hoe een deurslot werkt? Door naar een slotenmaker te gaan en het te vragen. Hij heeft vaak een opengewerkt model, zodat je het goed kunt zien. Misschien mag je het wel lenen voor je spreekbeurt.

Hoe weet je hoe het dagelijkse leven in Frankrijk of de Verenigde Staten is? Door met die oom die daar woont te mailen en hem alles te vragen.

Wie zelf op pad gaat en wat onderneemt, komt veel te weten. Zorg wel dat je al iets van het onderwerp af weet, dan kun je betere vragen stellen.

Dus: word detective!

***Houd een interview***
Wie weet er nou meer van een brand blussen dan een brandweerman? Wie weet er meer van vingerafdrukken dan de politie? Wie weet er meer van kinderboeken schrijven dan een kinderboekenschrijver? En wie weet er meer van Marokko dan je vader, die daar geboren is?
Wil jij weten wat deze (vak)mensen weten, dan kun je het beste een interview houden. Een interview houden is namelijk hartstikke leuk! Misschien mag je een kijkje nemen in een brandweerwagen of een lege politiecel. Het beste is als je een interview regelt met een kennis of iemand uit de familie. Die heeft vast wat tijd over voor jou om alles goed uit te leggen. Denk eens na wat voor interessante beroepen de mensen die jij kent, hebben. Je kunt ook iemand met een speciaal beroep uitnodigen om naar je school te komen. Dan kun je hem of haar in de klas interviewen. En ga met je ouders eens heel goed na wie uit jullie kennissenkring een tijd in het buitenland gewoond heeft. Die kan je dan vast bijzondere weetjes vertellen.

**Een interview houden hoort bij het vak van journalist. Journalisten, en vooral journalisten die voor kinderen schrijven, maken vaak de spannendste dingen mee tijdens zo'n interview. Wat dacht je van: meevaren in een luchtballon; meevliegen met parachutisten; les krijgen van een fakir; de jas van een goochelaar bewonderen; samen met een dierenarts**

op ziekenbezoek gaan in de dierentuin; een rondleiding krijgen in een chocoladefabriek; de nieuwste achtbaan uitproberen; bij een minister op bezoek gaan; kogelsporen onderzoeken. Dat is toch om jaloers van te worden! Dus geloof maar gerust dat interviewen leuk is. En dat journalist een mooi beroep is. Een werkstuk moeten maken of een spreekbeurt houden is de beste smoes die je kunt bedenken om zelf een beetje journalist te worden.

### Interviewtips

#### Tip 1
Maak van tevoren een afspraak voor je interview. Dat kan telefonisch. Je kunt ook eerst een briefje schrijven en na een paar dagen bellen. Vertel duidelijk je naam en waarom je het interview wilt houden. Vraag heel beleefd of degene die je wilt interviewen, wil meewerken. En bedank hem of haar ook vriendelijk als je op bezoek mag komen.

#### Tip 2
Neem een aardigheidje mee voor degene die je gaat interviewen, bijvoorbeeld een tekening of een reep chocolade. En beloof na afloop dat je een kopie van je werkstuk opstuurt.

#### Tip 3
Maak van tevoren een vragenlijst. Stel geen vragen waarop iemand alleen maar ja of nee kan zeggen. Dan word je niet veel wijzer. Denk thuis goed na over wat je precies wilt weten en stel je vragen zo dat je daarachter komt.

#### Tip 4
Zeg het altijd als je iets niet snapt. Dat is niks om je voor te schamen. Er blijkt alleen maar uit dat je goed luistert.

#### Tip 5
Als je een cassetterecorder hebt, is het handig om het interview op te nemen. Je kunt dan beter luisteren. Je kunt ook beter contact maken door iemand goed aan te kijken, af en toe te knikken en te lachen.

*Tip 6*
Kom je tussendoor op andere vragen, stel ze dan meteen. Een vragenlijstje is handig, maar niet iets waar je aan vastzit. En als er op het lijstje een vraag staat waar je het antwoord al op hebt gekregen, stel die vraag dan niet.

*Tip 7*
Interview je iemand over een ander land, dan krijg je soms bijzondere foto's te zien. Vraag of je ze mag kopiëren. Dat zijn aparte plaatjes bij je werkstuk.

**Houd een enquête**
Bij sommige onderwerpen is het leuk om een onderzoekje te doen. Je vraagt een aantal mensen of kinderen naar hun mening of naar bepaalde feiten. Zo'n onderzoekje noem je een enquête. De uitslag van een zelfgehouden enquête doet het goed bij zowel een werkstuk als een spreekbeurt. Je kunt mensen één enkele vraag stellen of meer vragen. Als je bijvoorbeeld een spreekbeurt houdt over het milieu, vraag dan eens aan twintig kinderen of ze de auto van hun ouders de deur uit zouden willen doen. Vraag dan ook twintig volwassenen of ze hun auto zouden willen missen.
Of je houdt bijvoorbeeld een spreekbeurt over de bio-industrie en je vraagt twintig kinderen en twintig volwassenen of ze vegetariër zijn en of zij of hun ouders vlees bij de scharrelslager kopen. Of je houdt een spreekbeurt over de rechten van kinderen. Je vraagt dan aan twintig kinderen of ze het goed vinden dat ze pas met achttien jaar volwassen zijn.
Presenteer de uitslag van je enquête in de klas. Dat is voor de groep leuk om te horen.

Als je een enquête houdt, is het belangrijk om dat zo eerlijk mogelijk te doen. Stel dat je een enquête houdt over de bio-industrie. Je zou dan een van deze vragen kunnen stellen:
▶ Heb je wel eens gezien hoe zielig het is hoe varkens worden vetgemest? Allemaal boven op elkaar op roosters en nooit mogen ze naar buiten! Jij bent zeker ook wel tegen de bio-industrie?
▶ Ook varkensboeren in de bio-industrie zorgen zo goed mogelijk voor hun varkens. Als zij er niet waren, konden we allang geen lekkere rookworst meer eten. Jij bent toch zeker wel voor de bio-industrie?

Zie je wat er gebeurt? Bij deze vragen probeer je de mensen aan wie je iets vraagt, te beïnvloeden. Wil je eerlijk weten hoe anderen over de bio-industrie denken, dan kun je de vraag beter anders stellen:

▶ Wat vind je van de bio-industrie? Ben je ervoor of ertegen?

Als je de uitslag van een enquête bekendmaakt, moet je er ook altijd bij vertellen welke vragen je gesteld hebt en aan wie. Want het maakt ook veel uit of je deze vraag bijvoorbeeld stelt aan de kinderen van varkensboeren of aan kinderen die thuis vegetarisch eten.

### *Ga naar een museum of dierentuin*

Er zijn in Nederland meer dan 450 musea. Op de site www.museumserver.nl of in de *Junior Museumgids* vind je ze allemaal. Meer dan 300 musea hebben een eigen site. Via www.museumserver.nl kun je ernaartoe. Ga er maar eens kijken, je kunt er vaak goede informatie vinden voor een werkstuk.

In een museum kun je veel opsteken. Je kunt er de gewone collectie bekijken. Vaak is er ook een speciale tentoonstelling voor kinderen of er is een aparte ruimte waar alles extra gemakkelijk wordt uitgelegd.

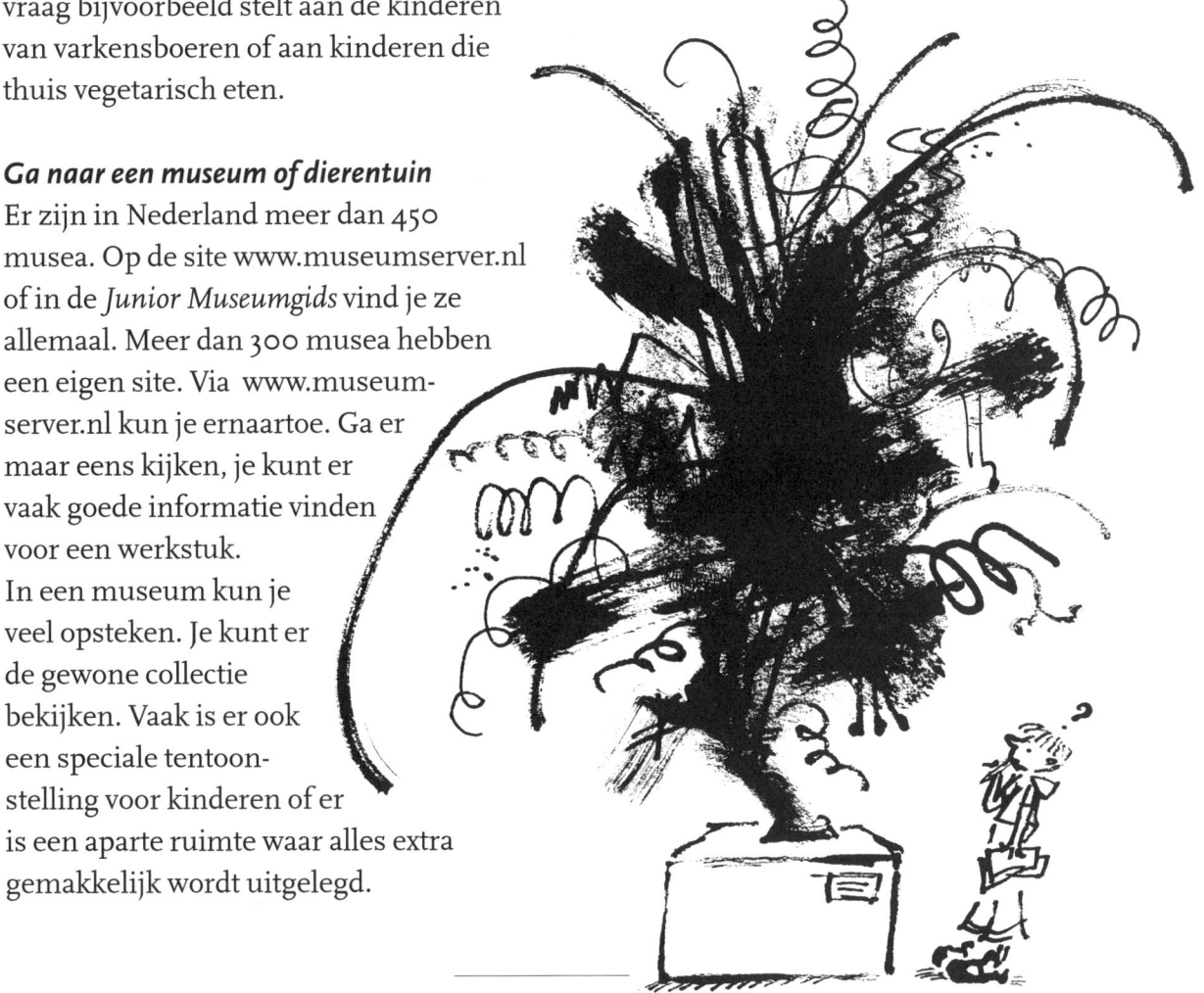

Verder hebben de meeste musea een eigen bibliotheek waar je mag snuffelen. En is er een educatieve dienst, dan zit je helemaal gebakken. Dan is er meestal een medewerker die je te woord wil staan. Bovendien heb je grote kans dat er in het museum een speciaal spreekbeurtenpakket is. Waarschijnlijk moet je daar iets voor betalen. Maar dan krijg je wel waar voor je geld: nuttige boekjes, posters, mooie plaatjes, een bouwplaat of andere leuke hebbedingetjes.

Dit is mijn top 40 van musea en dierentuinen in Nederland. Net als bij een muziektop 40 staat de winnaar op nummer 1. Welke musea ken jij? Hoe ziet jouw favoriete lijstje eruit?

**1 Kindermuseum/Tropenmuseum**
Linnaeusstraat 2, Amsterdam
tel. 020 568 82 33
Dit is mijn absolute topper. Je doet mee aan een programma over het leven van mensen uit een ander land en een andere cultuur. Je kookt, zingt, danst, maakt muziek en het is net alsof je op reis bent.

**2 Nemo**
Oosterdok 2, Amsterdam
tel. 020 531 32 33
In dit techniekmuseum breng je met gemak een dag door met proefjes en wetenschappelijke experimenten. Er zijn veel medewerkers die je kunnen helpen.

**3 Noorder Dierenpark**
Hoofdstraat 18, Emmen
tel. 059 161 88 00
Deze dierentuin is een van de beste van Europa. Er zijn niet alleen dieren te bekijken, er is vooral veel te leren. Wie hier informatie vraagt over een bepaalde diersoort, krijgt vaak een mooi pakketje thuisgestuurd. Soms word je ook doorverwezen naar een andere instelling; de Zeehondencrèche in Pieterburen bijvoorbeeld. Voor een spreekbeurtenpakketje vraagt het Noorder Dierenpark een kleine vergoeding voor de kopieer- en verzendkosten.

**4 Afrika Museum**
Postweg 6, Berg en Dal
tel. 024 684 12 11
Als je in dit openluchtmuseum bent geweest, hoef je eigenlijk niet meer naar Afrika toe. Er zijn levensechte dorpjes nagebouwd. Je kunt Afrikaanse muziek maken, je verkleden en dansen.

**5 Archeon**
Archeonlaan 1, Alphen aan de Rijn
tel. 017 244 77 44
Hoe leefden de nomaden in de prehistorie? Hoe zagen de nederzettingen van de eerste boeren eruit? Hoe was het toen de Romeinen hier aan de macht waren? En hoe was het leven in de Middeleeuwen? In het Archeon kun je kijken, maar vooral ook meedoen aan allerlei activiteiten.

**6 Prehistorisch Openlucht Museum**
Boutenslaan 161b, Eindhoven
tel. 040 252 22 81
Vooral een rondleiding in dit prehistorisch dorp is leuk, want dan mag je brood bakken, huizen bouwen, kanovaren en houthakken zoals de mensen dat in de prehistorie deden. Als je hier vertelt dat je een werkstuk wilt maken over de prehistorie, zullen de medewerkers al je vragen beantwoorden.

**7 Museum voor Communicatie**
(PTT-Museum)
Zeestraat 82, Den Haag
tel. 070 330 75 00

Er gaat niks boven de speciale kinderexposities in dit museum. Over telefoon, post en postzegels kunnen ze je hier alles vertellen. Tegen een vergoeding kun je een informatiepakket aanvragen. Er zijn drie onderwerpen: post, postzegels en telecommunicatie. Je krijgt foto's, een verhaal over de geschiedenis en de nieuwste ontwikkelingen.

**8 Zuiderzeemuseum**
Wierdijk 12-22, Enkhuizen
tel. 022 835 11 11
Er is zo veel te doen in dit (voornamelijk) openluchtmuseum, dat je misschien aan een dag niet genoeg hebt. Na afloop weet je alles over het leven van de vissers en hun gezinnen die woonden rondom de vroegere Zuiderzee. Met vragen kun je hier altijd terecht, ook per e-mail: netpost@zuiderzeemuseum.nl.

**9 Nederlands Openluchtmuseum**
Schelmseweg 89, Arnhem
tel. 026 357 61 11
Een fantastisch museum waar je echt teruggaat in de tijd en beleeft hoe de mensen vroeger woonden. Het museum werkt eraan om spreekbeurtenpakketten op de site (www.openluchtmuseum.nl) te zetten, zodat jij ze kunt downloaden.

**10 Rijksmuseum van Oudheden**
Rapenburg 28, Leiden
tel. 071 516 31 63
Met een echte tempel uit Egypte, veel mummies, grafkisten en beelden is dit museum een van de beste ter wereld. Voor kinderen zijn er speciale tentoonstellingen en heeft het museum werkbladen voor spreekbeurten over Pompeï, over mummies en over farao's en

piramides. Als je er meer dan een wilt, moet je een vergoeding betalen.

### 11 Ecomare, Centrum voor Wadden- en Noordzee
Ruyslaan 92, De Koog, Texel
tel. 022 231 77 41
In Ecomare leer je alles over het ontstaan van Texel. Zeker zo interessant zijn de zeehonden en de Waterzaal met aquaria. Vooral in juli is de zeehondencrèche leuk. Dan worden de jonge zeehondjes geboren. Zeehondenfans kunnen tegen een vergoeding een mooi informatiepakket bestellen.

### 12 Waterland Neeltje Jans
Eiland Neeltje Jans, Neeltje Jans
tel. 011 165 27 02
De Deltawerken, de waterspeelplaats, aquaria, het dolfijnencentrum en de rondvaartboot; genoeg om een dag lang rond te neuzen en te spelen. Het museum kan je helpen aan informatie over de overstromingsramp van 1953 in Zeeland en het Deltaproject. Bezoek ook zeker de site eens: www.neeltjejans.nl.

### 13 Space Expo
Keplerlaan 3, Noordwijk
tel. 071 364 64 46
In Space Expo ontdek je dat ruimtevaart echt zo spannend is als het klinkt. Haal hier zelf je astronautendiploma.

### 14 Nederlands Spoorwegmuseum
Maliebaanstraat 16, Utrecht
tel. 030 230 62 06
Prachtige stoomtreinen, een oud seinhuis, rondritten, de Jumbo-expres; voor treingekken is dit het paradijs. Over de geschiedenis van het spoor heeft het museum een leuk pakket. Vanaf de site www.spoorwegmuseum.nl is de tekst ook te downloaden.

### 15 Nederlands Scheepvaartmuseum
Kattenburgerplein 1, Amsterdam
tel. 020 523 22 22
Het mooiste is het schip 'De Amsterdam'. Aan boord waan je je vanzelf terug in de tijd. Je ziet met eigen ogen de kombuis, de kapiteinshut, het voedselruim en de cel. In de vakanties zijn er altijd kinderactiviteiten. Op de site www.scheepvaartmuseum.nl kun je veel foto's en informatie downloaden.

### 16 Rijksmuseum voor Volkenkunde
Steenstraat 1, Leiden
tel. 071 516 88 00
Als je ontdekkingskriebels hebt, kun je die in dit museum uitleven. Al doende leer je alles over indianen, samoerai en

welk volk dan ook. Kant-en-klare spreekbeurten heeft dit museum niet voor je. Wel is er een fantastisch informatiecentrum. Daar kun je internetten en alles zelf opzoeken in boeken en op videobanden. Er is altijd een medewerker aanwezig om je te helpen.

### 17 Kinderboekenmuseum
Prins Willem-Alexanderhof 5, Den Haag
tel. 070 333 96 66
Ontdek hier alles over jouw favoriete schrijvers en boekenhelden. Je ziet de slechte rapportcijfers van Jacques Vriens en het winkeltje van meneer Pen uit Pluk van de Petteflet.

### 18 Steenkolenmijn Daalhemergroeve
Daalhemerweg 31, Valkenburg
tel. 043 601 24 91
Ontdek alles over de mijnbouw in de oudste steenkolenmijn van Europa. De ex-mijnwerkers vertellen over de treintjes, de machines en de steenkool.

### 19 Museon
Stadhouderslaan 41, Den Haag
tel. 070 338 13 38
Het ontstaan van de aarde, uitvindingen, de evolutie, het milieu – hier vind je het antwoord op al je vragen over de mens en de wereld. Medewerkers van het museum sturen je ook informatie op als je wilt.

### 20 Naturalis
Darwinweg 2, Leiden
tel. 071 568 76 26
Duizenden opgezette dieren, skeletten, planten, gesteenten, fossielen en mineralen; om alles hier te bekijken, heb je veel tijd nodig.

### 21 Natuurhistorisch Museum
De Bosquetplein 6-7, Maastricht
tel. 043 350 54 73
Hier wordt verteld hoe de natuur van Zuid-Limburg er vroeger uitzag, van de moerassen uit het steenkooltijdperk tot aan het skelet van de mosasaurus toe.

### 22 Museonder
Houtkampweg 9c, Otterlo
tel. 0900 464 38 35
Je kunt in dit museum zien wat er allemaal onder de grond in het Nationaal Park de Hoge Veluwe gebeurt.

### 23 Joods Historisch Museum
Jonas Daniël Meijerplein 2-4, Amsterdam
tel. 020 626 99 45
Dit museum heeft een speciaal kindermuseum, waar je alles te weten komt over de joodse cultuur en geschiedenis.

### 24 Bijbels Openluchtmuseum
Profetenlaan 2, Heilig Landstichting
tel. 024 382 31 10
De wereld van het 'nabije oosten': een bedoeïenenkamp, een Egyptisch huis in Jeruzalem, je loopt hier zelf rond in de wereld van de bijbel.

### 25 Ecodrome
Willemsvaart 19, Zwolle
tel. 038 423 70 30
Een natuurmuseum, waarin ook de pre-historische natuur aan bod komt. Meehelpen met het uithakken van dinosaurusbotten kan hier soms ook!

### 26 Eise Eisinga Planetarium
Eise Eisingastraat 3, Franeker
tel. 051 739 30 70
Eise Eisinga bouwde rond 1780 het zonnestelsel na in zijn huis. Dat deed hij zo precies dat de standen van zijn 'uurwerk' nu nog kloppen.

### 27 Nederlands Textielmuseum
Goirkestraat 96, Tilburg
tel. 013 536 74 75
In deze oude textielfabriek draaien nog steeds de weef- en breimachines. Ook de stoommachine is nog in werking. Je kunt hier heerlijk knutselen met textiel en op ontdekkingstocht gaan.

### 28 Nationaal Luchtvaartmuseum Aviodrome
Westelijke Randweg 201, Luchthaven Schiphol
tel. 020 406 80 00
Ben je een vliegtuigfan, dan is dit museum echt iets voor jou. Er staan meer dan 30 toestellen, van zweefvliegtuigjes tot een echt straalvliegtuig. En jij mag in de cockpit!

### 29 Wereldmuseum Rotterdam
Willemskade 25, Rotterdam
tel. 010 270 71 72
Het Reispaleis is de plek waar je moet zijn als je meer wilt weten over andere landen en culturen. Voor kinderen is er een 'hotel' waar je stiekem in de kamers naar de gasten kunt kijken. Je hoort ze praten en ziet ze van alles doen.

### 30 Universiteitsmuseum
Lange Nieuwstraat 106, Utrecht
tel. 030 253 80 08
In dit museum is een jeugdlaboratorium. Je kunt er van alles ontdekken over je zintuigen. Bezoek ook de site: www.uu.nl.

### 31 NAA Omroepmuseum
Oude Amersfoortseweg 121-131, Hilversum
tel. 035 688 58 88
Beroemde televisie-uitzendingen, de studio en de omroepwagen, camera's, radio's, je komt hier ogen te kort.

### 32 Oertijdmuseum De Groene Poort
Bosscheweg 80, Boxtel
tel. 041 161 68 61
Een echte mammoet, dino's en walvissen zijn hier te bewonderen naast veel fossielen en edelstenen.

### 33 Nationaal Schoolmuseum
Nieuwe Markt 1a, Rotterdam
tel. 010 404 54 25
In dit museum kun je zien hoe het er vroeger op school aan toeging. Neem vooral je opa en oma mee!

### 34 Nationaal Oorlogs- en Verzetsmuseum
Museumpark 1, Overloon
tel. 047 864 18 20
Dit museum is niet leuk, maar wel interessant. Je leert er hoe vreselijk de Tweede Wereldoorlog was. Je ziet er gevechtstoestellen en ook hoe een concentratiekamp eruitzag.

### 35 Legermuseum
Korte Geer 1, Delft
tel. 015 215 05 00
In het legermuseum duik je echt de geschiedenis in, van de Romeinse legioenen en Napoleon tot het leger van nu. Voor kinderen zijn er vaak activiteiten: een ridderspektakel, knutselen en tinnen soldaatjes beschilderen.
www.legermuseum.nl

### 36 Artis
Plantage Kerklaan 38-40, Amsterdam
tel. 020 523 34 00.
Als je denkt dat Artis alleen een dierentuin is, heb je het mis. Artis heeft een geologisch en een zoölogisch museum, waar je veel te weten kunt komen over onder andere mineralen, fossielen en dieren. Het planetarium is nuttig als je meer over de ruimte wilt weten. Vergeet niet naar de site te gaan: www.artis.nl
Er is over talloze onderwerpen informatie te downloaden.

### 37 Nationaal Fietsmuseum Velorama
Waalkade 107, Nijmegen
tel. 024 322 58 51
Een museum voor fietsgekken, met riksja's, hoge Bi's, de eerste veiligheidsfiets, loopfietsen, driewielers, tandems: je kijkt je ogen uit.

### 38 Ajaxmuseum
Arena Boulevard 3, Amsterdam z.o.
tel. 020 311 13 36
Ajax-fans kunnen in dit museum hun hart ophalen. Je ziet er foto's van de eerste partijtjes van de club, de bekers en persoonlijke spullen van topvoetballers van Ajax. Een bezoek aan het museum is onderdeel van een rondleiding door Amsterdam Arena. Je moet reserveren. Ajax heeft ook een heel interessante site: www.ajax.nl

### 39 Nationaal Hunebedden Infocentrum
Bronnegerstraat 12, Borger
tel. 059 923 63 74
Alles wat je wilt weten over die enorme steenblokken, vind je hier.

### 40 Nederlands Politiemuseum
Arnhemseweg 346, Apeldoorn
tel. 055 543 06 91
Vooral stoer zijn de politieboot en de pantserwagen. Of heb je meer zin om verkleed als boef of agent het moordspel te spelen?

# 5 Orde op zaken

Wie alle raad uit dit boek heeft opgevolgd, heeft al veel gedaan: die heeft gepiekerd over een onderwerp, heeft een planning gemaakt en is naar de bibliotheek geweest. Die heeft ook het documentatiecentrum op school uitgeplozen, een halve dag op het internet gesurft en is op stap geweest om een interview en een enquête te houden. Maar... er staat nog geen letter op papier! Daar hoef je niet van te schrikken: het is nog steeds geen tijd om daaraan te beginnen!

**Brainstormen**
Je hebt nu de fase van het verzamelen achter de rug. Je hebt boeken over je onderwerp, uitgeprinte pagina's van het internet en alle informatie die je maar hebt kunnen vinden. Je hebt er vast al wat in gelezen en gebladerd. Voor je nu echt serieus gaat beginnen, is het tijd voor hersenwaaien. Brainstormen heet dat met een Engels woord. Je laat je gedachten lekker de vrije loop over het onderwerp en schrijft alle vragen en ideeën op die er in je opkomen. Waarom? Omdat, als je iets over een onderwerp wilt vertellen, je allereerst bedenkt wat je erover zou willen weten. De vragen en ideetjes die er bij je opkomen, zijn een goede leidraad bij het schrijven van je werkstuk. Vragen die je altijd helpen, beginnen met de volgende woorden: wie, wat, waar, waarom, wanneer, hoe.

Neem bijvoorbeeld eens dit onderwerp: EHBO (Eerste Hulp Bij Ongelukken). Schrijf dit woord midden op een vel papier. Schrijf daar omheen de dingen die met EHBO te maken hebben en wat je graag zou willen weten:

- Wie mogen er eerste hulp geven?
- Wat moet je doen bij een ongeluk als je geen EHBO-diploma hebt?
- Wat heeft een EHBO'er allemaal geleerd?
- Wat zit er in een EHBO-koffertje?
- Hoe oefenen EHBO'ers?
- Waar leer je EHBO?
- Waarom is EHBO belangrijk?
- Hoe kun je jezelf helpen bij kleine ongelukjes?
- Sinds wanneer bestaat EHBO?

Nu kun je ieder punt weer verder uitwerken.
Bij 'jezelf helpen bij kleine ongelukjes' kun je de volgende dingen zetten:
- een splinter
- een bloedneus
- een geschaafde knie
- een brandwond
- brandnetelprikken
- een wespensteek

Bij hersenwaaien mag je alles opschrijven waar je aan denkt. Dus ook:
- Kun je leegbloeden?
- Waarom moet je huilen van pijn?
- Kunnen kinderen ook EHBO doen?

Al deze dingen kun je in een zogenaamd 'woordveld' schrijven. Hieronder zie je er een, ingevuld voor het onderwerp 'de fiets'.

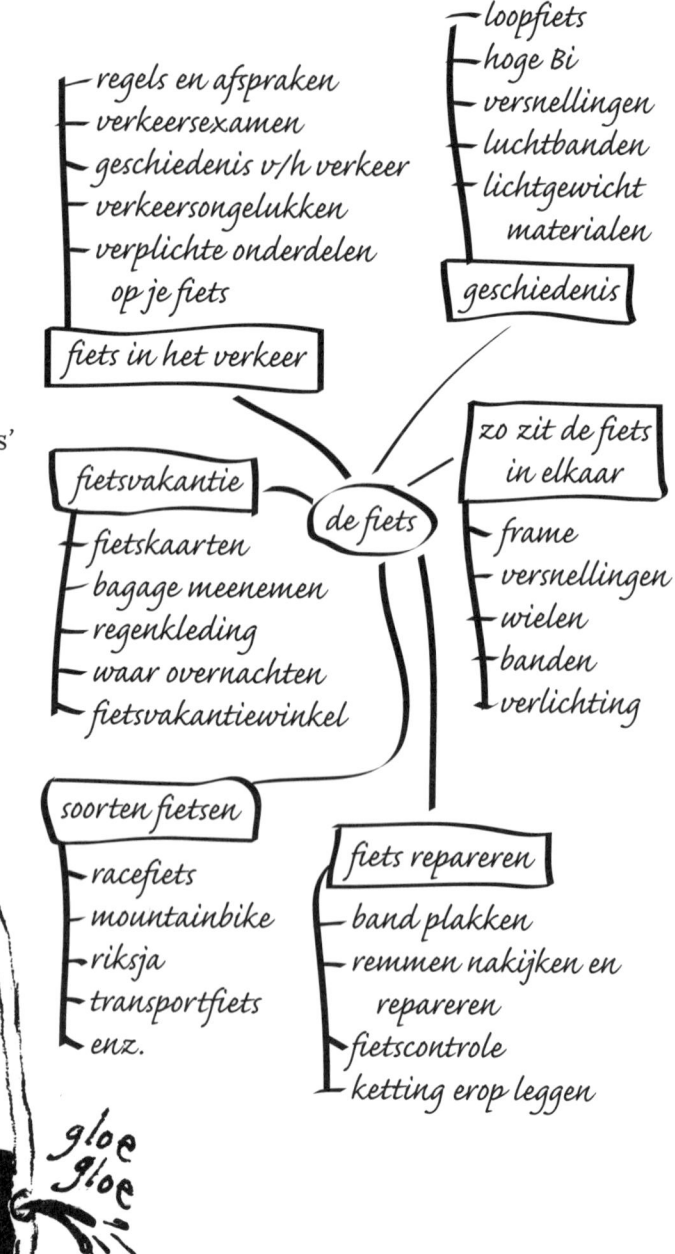

**de fiets**

*fiets in het verkeer*
- regels en afspraken
- verkeersexamen
- geschiedenis v/h verkeer
- verkeersongelukken
- verplichte onderdelen op je fiets

*geschiedenis*
- loopfiets
- hoge Bi
- versnellingen
- luchtbanden
- lichtgewicht materialen

*fietsvakantie*
- fietskaarten
- bagage meenemen
- regenkleding
- waar overnachten
- fietsvakantiewinkel

*zo zit de fiets in elkaar*
- frame
- versnellingen
- wielen
- banden
- verlichting

*soorten fietsen*
- racefiets
- mountainbike
- riksja
- transportfiets
- enz.

*fiets repareren*
- band plakken
- remmen nakijken en repareren
- fietscontrole
- ketting erop leggen

gloe gloe

Een woordveld is handig. Je krijgt namelijk vanzelf een indeling van je werkstuk. Want de belangrijkste punten heb je nu al op een rijtje. Ga je straks al je informatie lezen en kom je nog iets nieuws tegen, dan kun je dat er gemakkelijk aan toevoegen.

Het kan ook voorkomen dat je een beetje van je eigenlijke onderwerp afgedwaald bent. Misschien vind je het onderwerp 'huilen' ineens veel interessanter dan EHBO. Wat je dan moet doen? Huilen nemen natuurlijk!

Maar vind je het te veel moeite om weer van voren af aan te beginnen, dan onthoud je dat onderwerp gewoon voor een volgende keer.

### *Lezen, lezen en nog eens lezen*

Er zijn kinderen die schrikken van die zin hierboven. Dat zijn kinderen die niet van lezen houden. Die kinderen hoeven echt niet bang te zijn. Het is niet nodig om alle informatie die je hebt verzameld, letter voor letter te lezen. Jij gaat gewoon zappend lezen! Door te zappen, kun je je informatie gaan scheiden in twee stapeltjes: een stapeltje waar je mee verder wilt en een stapeltje dat weg kan. Je hebt er niet veel voor nodig: een pakje gele post-itbriefjes.

*Zo lees je zappend:*

Lees goed de inhoudsopgave van een boek. Blader naar de hoofdstukken waar je iets aan hebt en lees daar de kopjes in de tekst. Als je denkt dat ergens nuttige informatie staat, plak je een plakkertje tussen de bladzijden. Zo vind je het gemakkelijk terug. Je kunt een trefwoord op het plakkertje schrijven, bijvoorbeeld: ziekenwagen. Dan vind je het nog gemakkelijker terug.

Op deze manier bekijk je ook teksten die je van internet hebt uitgeprint, krantenartikelen en kopietjes. Waar heb je wat aan en waar heb je niets aan? Haal je je informatie van een videoband, dan kun je op een vel papier wat aantekeningen maken.

## *Foutje!*
Raar is dat eigenlijk met werkstukken maken: eerst ga je heel veel informatie verzamelen en daarna ga je steeds meer informatie opzij leggen. Toch is dit de beste manier om veel over jouw onderwerp te weten te komen. **Natuurlijk kun je het eerste het beste boek pakken en daar al je informatie uit halen, maar het is leuker om meer 'informatiebronnen te raadplegen'. Zo heet dat namelijk, als je op meer plaatsen gaat zoeken naar wat je wilt weten. En weet je wat zo grappig is? Je merkt dan dat veel schrijvers maar wat overschrijven uit andere boeken! Ze verraden zich doordat ze fouten van elkaar overnemen. Ze schrijven ergens per ongeluk een 0 te veel bij. Dan lees je in een aantal boeken dat er 2000 mensen omkwamen bij de uitbarsting van de Vesuvius bijna 2000 jaar geleden. En in een aantal andere boeken staat doodleuk dat er 20.000 mensen omkwamen. Ga maar eens nazoeken in de bieb. Wat je dus zeker weet, is dat sommige schrijvers het verkeerd overgeschreven hebben. En dat je wat in boeken staat ook niet zomaar kunt geloven.**

## *Aantekeningen maken*
Als je klaar bent met de eerste selectie, pak je wat velletjes papier, een pen en een markeerstift. Nu duik je verder in het stapeltje nuttige informatie. Als het je lukt goede aantekeningen te maken, weet je na afloop alles van je onderwerp en is schrijven straks een makkie. Aantekeningen maken is niet gemakkelijk. Je moet lezen en meteen bedenken of het belangrijk is wat je leest of niet. Je moet je steeds afvragen: ga ik deze informatie straks gebruiken? Als het antwoord 'ja' is, pak je de markeerstift en geef je dat belangrijke stuk tekst een kleurtje. Staat die belangrijke tekst in een boek waar je niet in mag kliederen, dan schrijf je over wat je gevonden hebt. Je leest bijvoorbeeld iets over 'dievenvallen' in een boekje over speurders van de politie. Je schrijft dan op je vel papier: Een dievenval is een manier om een dief te vangen. Als er uit de kluis van een winkel bijvoorbeeld telkens geld wordt gestolen, strooit de politie onzichtbaar poeder op het geld. Wie aan dat geld zit, heeft het poeder aan zijn handen. Onder UV-licht ziet dat poeder er gekleurd uit. Zo kan de politie een dief vangen.
Oké, aantekeningen maken is een heel gedoe. Maar daarna zit alle informatie in je hoofd en als je twijfelt, dan heb je het zo teruggevonden. Op de middelbare school noemen ze zoiets met een deftig woord 'studeren'. Dat kun jij dus nu al!

# 6  Zo schrijf je een werkstuk

Het is niet gemakkelijk om met het schrijven zelf te beginnen. Daarom volgt hier een stappenplan. Hiermee lukt het je altijd.

**Stap 1: bepaal de volgorde**
Als je een woordveld hebt gemaakt (zie hoofdstuk 5), dan heb je nu een lijstje met allerlei spannende en leuke hoofdstukken die met jouw onderwerp te maken hebben. Je weet dan ook wat je over al die onderwerpen kunt vertellen. Daarom is nu het moment aangebroken om de indeling van je werkstuk te bepalen. Je maakt als het ware nu al de inhoudsopgave. Dat is echt nodig. Anders ga je dadelijk vertellen dat sporters tijdens de Olympische Spelen in hun nakie moeten sporten. Terwijl je eerst had moeten vertellen dat dat alleen

lang geleden, in Griekenland, zo was. Leg alles stap voor stap uit. Denk niet: dat weet mijn meester wel. Maar denk: dat weet hij niet.
Heb je geen woordveld gemaakt, doe het dan alsnog. De eerste vakken om het onderwerp heen zijn de hoofdstukken van je werkstuk.

Je indeling kan er bijvoorbeeld zo uitzien:

*Werkstuk over China*
1. Het land zelf (weetjes zoals: hoe groot is het, hoeveel mensen wonen er)
2. De geschiedenis van China en Chinese uitvindingen
3. Hoe ziet een dag van een Chinees kind eruit?
4. Chinese kinderen zijn allemaal enig kind
5. Bijzondere Chinese dingen, zoals het Chinese karakterschrift, de Chinese kalender
6. Chinezen in Nederland
7. Chinees eten, compleet met een lekker recept

Of zo:

*Werkstuk over onweer*
1. De god van de bliksem
2. Zo ontstaat onweer
3. Leuke weetjes, bijvoorbeeld: zo heet is een bliksemschicht
4. Beroemde bliksiminslagen
5. Wat moet je wel doen met onweer en wat juist niet?
6. Proefje met elektriciteit

*Stap 2: ga schrijven*
Heb je de indeling gemaakt, dan ga je daarna lekker schrijven of typen op de computer. Vertel alles wat je weet. Doe maar net alsof je het aan je vriend of vriendin wilt vertellen. Want je moet nooit vergeten dat je voor iemand anders schrijft, namelijk een lezer. Die moet snappen waar je het over hebt. En die moet het leuk of interessant vinden wat je schrijft. Vraag je af en toe af: vindt mijn vriendin dit leuk?
Houd je wel aan je indeling. In het geval van een werkstuk over onweer begin je over vroeger te vertellen. Dat de mensen bang waren voor onweer en elkaar vertelden dat de god van de bliksem boos was als het onweerde.
Probeer het zo te doen dat elk hoofdstuk ongeveer even lang wordt. Dus niet vijf hoofdstukken van een halve bladzijde en een van drie bladzijden. Kijk dan of het hoofdstuk van drie bladzijden niet kan worden gesplitst in twee hoofdstukken. Kijk ook of er in de kleine hoofdstukken wel genoeg informatie staat.

*Stap 3: hak je tekst in stukjes*
Een van de belangrijkste dingen van een goede tekst is een goede opbouw. Jij bent al een heel eind op weg, want je hebt van tevoren nagedacht over wat je wilt zeggen. Je hebt de hoofdstukken al ingedeeld. Maar ook een hoofdstuk moet je als het ware weer in stukjes hakken. Ben je bijvoorbeeld met het hoofdstuk 'Beroemde blikseminslagen' bezig, dan maak je van iedere gebeurtenis een aparte alinea. Een alinea is een afgerond stuk tekst.
Tussen de ene alinea en de andere laat je een regel wit open. Dan zie je meteen dat het om een nieuw stukje tekst gaat.
    Je kunt een alinea ook aangeven door op een nieuwe regel te beginnen en de tekst een stukje te laten inspringen met de Tab-toets.

*Stap 4: trek de aandacht met leuke koppen*
In echte schrijverstaal betekent een leuke kop niet een leuk gezicht. Een kop is de titel van een hoofdstuk, een paragraaf of zelfs een alinea. Een leuke kop is een grappige of opvallende titel. Daarmee kun je de aandacht trekken en de lezer nieuwsgierig maken.
Vergelijk maar eens: welke van de twee vind je leuker?

DE POEMA MOET EEN SPUITJE
of
DE DIERENARTS IN DE DIERENTUIN

LANGE NEUS
of
GEZICHTSUITDRUKKINGEN

VEILIG IN DE KROKODILLENPOEL
of
HOE KONINGEN VROEGER HUN SCHATTEN BEWAARDEN

Probeer maar bij je eigen werkstuk of je leuke koppen kunt bedenken. Een kop hoeft niet alleen boven een hoofdstuk te staan. Boven een alinea mag je ook een kop zetten. Zo'n kop heet een tussenkop.

### Stap 5: de puntjes op de i
Bij uitgeverijen van boeken, bij kranten en tijdschriften, overal gebeurt het: alle teksten worden nagekeken. Want overal worden fouten gemaakt. Zelfs de beroemdste schrijvers maken spelfouten en rare, kromme zinnen. Ook jouw tekst moet na het schrijven worden nagekeken. Volg deze regels in de kunst van het schrijven maar op. Daar wordt jouw werkstuk beter van.

*Regel 1: laat liggen*
Lever nooit een tekst in die je de vorige dag hebt geschreven. Laat je tekst eerst een paar dagen liggen. Lees hem dan nog eens over, alsof alles nieuw voor je is. Fouten en gekke dingen vallen je nu veel beter op. Je snapt dat je op tijd moet beginnen met je werkstuk, als je deze regel wilt opvolgen...

*Regel 2: zoek een lezer*
Laat je tekst ook altijd nog door iemand anders lezen. Denk na over wat je te horen krijgt en verbeter alle punten waar je het zelf mee eens bent. Als iemand iets niet snapt, betekent dat meestal dat de tekst te ingewikkeld is. Probeer zo te schrijven dat je lezer het wel snapt. Vraag iemand van je eigen leeftijd of iemand die ouder is. Je zusje van zes snapt er waarschijnlijk niets van.

*Regel 3: zet er een punt achter*
Let er goed op dat je een punt zet aan het einde van een zin zet ook komma's als het nodig is een hoofdletter aan het begin van een zin is ook geen overbodige luxe anders snapt een lezer er al snel niks meer van en als jouw lezer je meester of juf is kun je een goed cijfer echt wel schudden

*Regel 4: maak je zinnen niet te lang*
Zorg dat je zinnen niet langer zijn dan ongeveer vijftien woorden. Probeer op een gemiddelde van tien woorden uit te komen. Lange zinnen zijn lastig om te lezen én lastig om te schrijven. Je maakt er veel sneller fouten in.

*Regel 5: sreiv geen taalvaute*
Dat is natuurlijk gemakkelijker gezegd dan gedaan. Echt foutloos zal niet eenvoudig zijn. En ben je dyslectisch dan kan het helemaal een probleem worden. Heb je het Groot Dictee der Nederlandse taal wel eens gezien? Dat is één keer per jaar op televisie. Er doen allerlei beroemde en knappe mensen aan mee. Toch lukt het nooit iemand om geen fouten te maken! Zo moeilijk kan taal zijn. Maar schrik niet, er zijn wat tips om je te helpen:
▶ Zoek elk moeilijk woord op in een woordenboek of de Woordenlijst Nederlandse taal. De meeste mensen noemen die woordenlijst 'Het Groene Boekje'.
▶ Laat de spelling- en grammaticacontrole van de computer over je tekst gaan en verbeter wat nodig is. Doe alleen niet alles wat de computer aangeeft. Kijk eerst zelf of het om een echte fout gaat!
▶ Laat je vader, moeder, buurvrouw, oom of wie dan ook je tekst nalezen op fouten. Kies wel iemand uit die zelf weinig taalfouten maakt.
▶ Let goed op onder taalles op school. Daar leer je nog het meeste!

*Regel 6: voorkom herhaling*
Probeer niet steeds dezelfde woorden te gebruiken. In plaats van plaatje zeg je de ene keer tekening; de andere keer illustratie of foto.

**Pleeg geen diefstal als je schrijft**
Er bestaat sinds 1912 een wet, de Auteurswet. In artikel 1 van die wet staat dit:
*Het auteursrecht is het uitsluitend recht van den maker van een werk van letterkunde, wetenschap of kunst, of van diens rechtverkrijgenden, om dit openbaar te maken en te verveelvoudigen, behoudens de beperkingen, bij de wet gesteld.*

Misschien snap je van die wet niet veel. Dat geeft niks. Advocaten en juristen moeten ook zes jaar of langer studeren om de wet te leren begrijpen! Wat in deze wet staat, is eigenlijk dit: als iemand iets schrijft of bedenkt of maakt, dan mag een ander dat niet zomaar pikken of namaken. Degene die het bedacht heeft, is er de eigenaar van. En daar hoeft diegene niets voor te regelen. Hij is dat vanzelf.

Dat betekent dat je eigenlijk geen muziek mag kopiëren; niet op een bandje en niet op een cd. Dat betekent dat je eigenlijk geen plaatjes uit boeken mag kopiëren of van het internet mag downloaden. En dat betekent ook dat je niet zomaar een tekst van een ander mag overnemen in je werkstuk. Alleen voor eigen gebruik thuis mag je iets kopiëren. Je mag zo'n kopie niet aan iemand anders geven, aan je juf of meester bijvoorbeeld. Dan pleeg je namelijk plagiaat. En plagiaat is strafbaar. Het is verboden door de wet.

Over het algemeen zullen kinderen die een plaatje uit een boek kopiëren of een foto van het internet downloaden daar geen problemen mee krijgen. Wie komt daar achter? En bovendien heb je als kind niet de bedoeling om er geld mee te verdienen bijvoorbeeld. Alleen heeft je juf of meester het onmiddellijk door als je een tekst klakkeloos overneemt van het internet of uit een boek. En al is zo'n tekst nog zo goed, je krijgt dan vast een slecht cijfer. Want overschrijven is niet de bedoeling als je een werkstuk maakt. Doe dat dus niet.

*Er zijn uitzonderingen*

**Soms kunnen kinderen problemen krijgen met het auteursrecht. Dat gebeurde bijvoorbeeld voordat de eerste Harry Potter-film uitkwam. De rechten van de plaatjes en foto's van de film en het recht op de Harry Potter-website lagen bij filmmaatschappij Warner Bros. Warner Bros. heeft ook een website. Alle andere Harry Potter-websites waren verboden, zei Warner Bros. Dat was erg vervelend voor al die Harry Potter-fans, kinderen dus, over de hele wereld die een eigen site hadden. Ze kregen het allemaal aan de stok met Warner Bros. Toen de kinderen een actie begonnen tegen Warner Bros. draaide de filmmaatschappij toch maar bij. De kinderen wilden ervoor zorgen dat er geen enkel kind naar de film zou gaan. Nu helpt Warner Bros. je zelfs met het maken van een Harry Potter-website!**

*Pak het slim aan*

Oké, je mag geen teksten overschrijven, ook niet van andere kinderen Maar aantrekkelijk is het wel, al die werkstukken van andere kinderen op het internet! Kun je de verleiding niet weerstaan en wil je heel gemakkelijk van je werkstuk afkomen? Dan krijg je hier wat geheime tips. Doe het alleen als je echt, echt, echt in tijdnood zit. Het is veel leuker om alles zelf te doen. Bovendien leer je er zo niks van.

*Tip 1*

Lees de tekst die je wilt downloaden eerst heel goed door.

*Tip 2*

Streep alle stukken tekst weg die je saai vindt.

*Tip 3*

Neem de tekst zin voor zin door en verander in iedere zin de moeilijke woorden die jij nooit zou gebruiken. Ga daar net zo lang mee door totdat je denkt: zo zou ik het zelf zeggen.

*Tip 4*

Plaats deze tekst in gedeelten tussen teksten die je wel helemaal zelf hebt geschreven. Of vul de gedownloade tekst aan met stukken die je zelf schrijft.

*Tip 5*

Lees alles nog eens goed na. Lever alleen een tekst in die je van a tot z zelf goed snapt.

# 7 Een lesje vormgeven

Heb je wel eens een krant of een tijdschrift gelezen waar helemaal geen foto's of tekeningen in stonden? En waar de tekst nergens onderbroken werd door een open ruimte of een leuke kreet? Vast niet, want zo'n krant of tijdschrift ziet er te saai uit om aan te beginnen. Toch kan het best zijn dat de tekst heel leuk of interessant is. Om een tekst er aantrekkelijk uit te laten zien, moet je trucjes toepassen. Trucjes om de lezers nieuwsgierig te maken en tot lezen te verleiden. En trucs waardoor lezers een tekst gemakkelijker kunnen lezen. Hier komen de beste trucs.

### Truc 1: schrijf niet te klein

Werk je op de computer, kies dan bijvoorbeeld onder Opmaak bij lettertype voor 12 punten. Kies onder Opmaak bij Alinea voor een regelafstand van 1,5. Kijk maar eens hoe het is als de regels te dicht op elkaar staan. Dat leest echt niet prettig! Dan heb je zin om de tekst snel aan de kant te leggen.

### Truc 2: denk aan de kantlijn

Weet je al hoe je je werkstuk straks gaat aanbieden? Doe je de bladzijden in een ringband bijvoorbeeld? Of doe je er nietjes doorheen? Dan moet je er bij het typen al rekening mee houden dat je aan de linkerkant van de bladzijde een veel bredere kantlijn aanhoudt dan rechts. Reken links maar gerust 4 centimeter. Als je straks een echt boekje maakt of de pagina's lijmt, dan zorg je dat de kantlijn links en rechts even breed is.

### Truc 3: kies mooie letters

Als er iets is waardoor je werkstuk er mooi uit gaat zien, dan zijn het de letters wel. Heb je Word op je computer, dan vind je daar wel 60 verschillende lettertypes. Hier zie je er een paar.

## Wat vind je van dit lettertype?
Het heet Arial.

## Wat vind je van dit lettertype?
Het heet Comic Sans MS.

## Wat vind je van dit lettertype?
Het heet Times New Roman.

*cursief*     **vet**

Je ziet dat sommige letters koel en zakelijk zijn. Andere letters zien er juist weer heel speels of ouderwets uit.
Je kunt een lettertype uitkiezen dat goed bij het onderwerp van je werkstuk past. Bijvoorbeeld Old English Text MT, als je iets deftig en ouderwets wilt schrijven.

Met letters kun je dus volop spelen. Denk er wel aan dat het geen rommeltje wordt. Kies bijvoorbeeld voor de hoofdstuktitels steeds hetzelfde lettertype. Kies ook voor tussenkopjes hetzelfde lettertype.
Je kunt letters op de computer ook **vet** maken. Of *cursief* of onderstrepen. Je kunt ze groter of kleiner maken. Of een kleurtje geven. Op de computer is alles mogelijk.

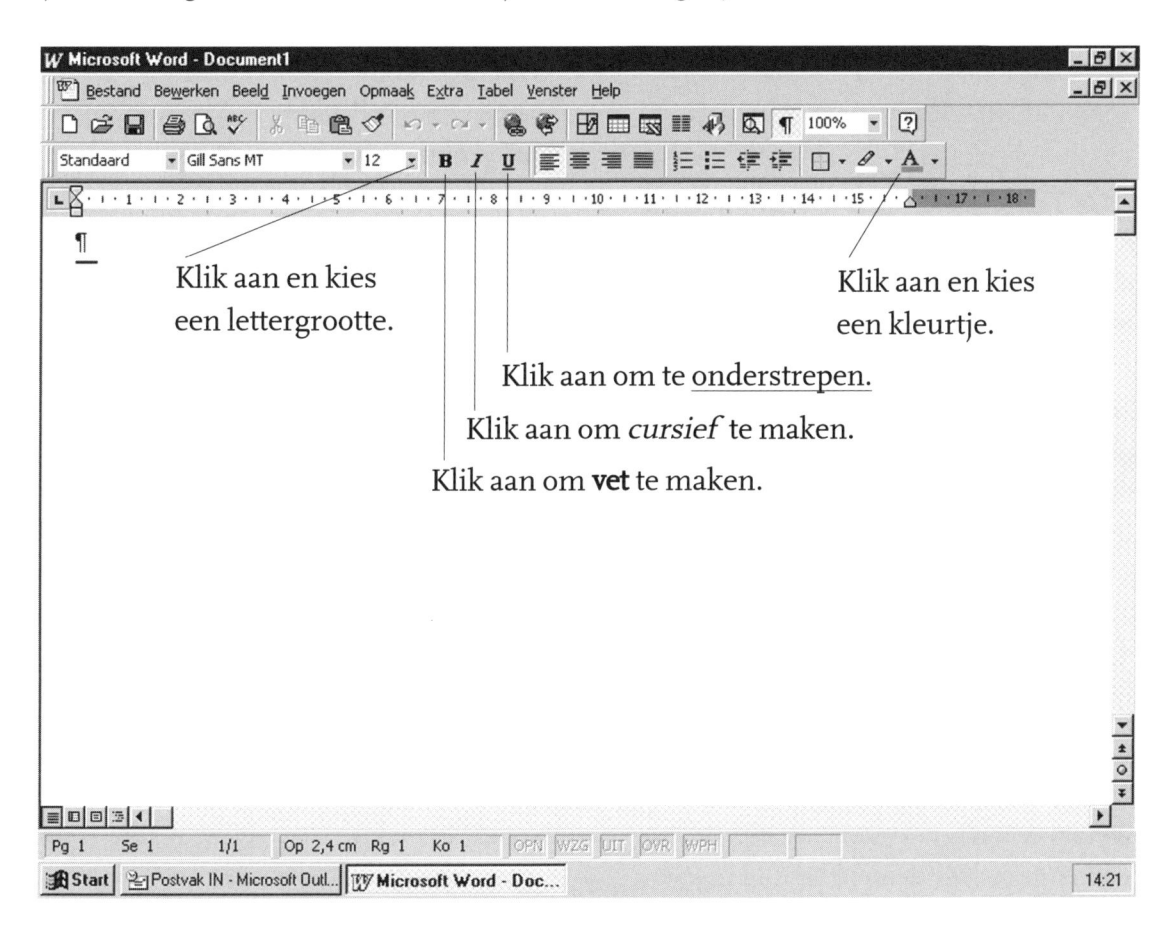

Klik aan en kies een lettergrootte.

Klik aan en kies een kleurtje.

Klik aan om te onderstrepen.

Klik aan om *cursief* te maken.

Klik aan om **vet** te maken.

### Truc 4: zorg voor veel plaatjes

Lees je tekst heel goed door en onderzoek waar het nodig of leuk is om plaatjes of tekeningen bij te zetten. Een ander woord voor plaatje of tekening is illustratie. Gaat je werkstuk bijvoorbeeld over vulkanen en wil je laten zien hoe de aarde er vanbinnen uitziet, dan is een illustratie nodig. Bij de dwarsdoorsnede van de aarde kun je schrijven wat de verschillende lagen zijn.

Soms is een illustratie ook gewoon leuk om de tekst wat op te vrolijken.

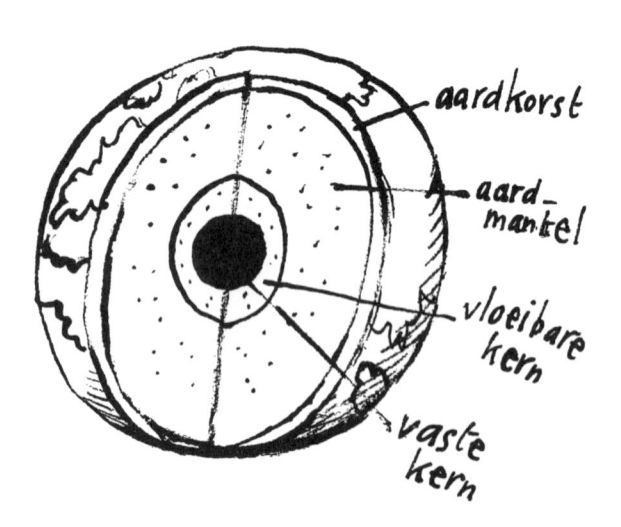

### Truc 5: verdeel de tekst en de plaatjes

Verdeel de tekst en de plaatjes goed over de bladzijden. Zorg dat er op elke bladzijde een illustratie is. Zorg ook dat er niet te veel tekst op een bladzijde staat: een pagina voor de helft gevuld met tekst is genoeg. Soms kun je een tekening voor een deel of helemaal over twee bladzijden heen maken. Een paar regels tekst kunnen dan al voldoende zijn. Als je op dun papier tekent, kun je het beste met potlood werken. Dat schijnt niet door de bladzijden heen. Je kunt natuurlijk ook eerst een tekening maken en die later op je bladzijden plakken.

Het handigste is om eerst in het klein een indeling te maken. Waar komt tekst en waar komen illustraties?

Zo'n indeling van tekst en plaatjes noem je een lay-out. Probeer bij de indeling de kantlijnen onder en boven gelijk te houden. Nu ga je passen en meten op elke bladzijde. Hoeveel ruimte heb je precies voor elk plaatje?

Let op of een hoofdstuk niet heel raar eindigt. De laatste zin van een hoofdstuk op een volgende bladzijde is natuurlijk geen gezicht.

### Truc 6: nummer de bladzijden

Heel belangrijk! Als je klaar bent met de indeling, geef je alle pagina's een nummer. Zeker als je losse bladzijden maakt die je in een map steekt, is nummering onmisbaar. Denk eraan dat de eerste bladzijde met tekst niet bladzijde 1 is! De titelpagina en de inhoudsopgave tellen ook mee.

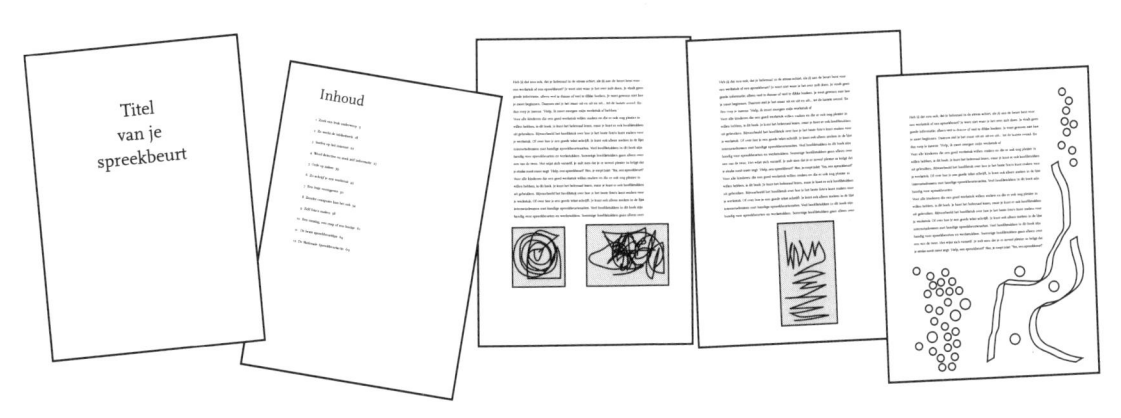

## Truc 7: versier de bladzijden

In plaats van plaatjes plakken, kun je de bladzijden ook zelf versieren. Stel je voor dat je een werkstuk maakt over feesten of carnaval, dan is het leuk om gekleurde stipjes op de bladzijden te maken. Die stipjes lijken net confetti en geven meteen een feestelijk gevoel. Als je het met kleurpotlood doet, kun je de confetti gewoon door de tekst heen strooien. In plaats van confetti is het vaak ook mooi om randjes langs de bladzijden te maken die met je onderwerp te maken hebben.

Andere mogelijkheden zijn:
een Grieks randje, een Chinees randje
een insectenrandje, een verkeersrandje
een treinen-randje (alleen rails).

## Truc 8: neem gekleurd papier

Je kunt je werkstuk ook op gekleurd papier maken. Dat geeft een mooi effect! Kies een kleur die goed bij je onderwerp past. Bij vulkanen kies je bijvoorbeeld rood en bij een natuuronderwerp groen.

een fruit-randje

een sterren-randje

een voetbal-randje

een bloemen-randje

# 8 Zonder computer kan het ook!

Heb jij thuis geen computer met een printer? Er is geen enkele reden om daarover in zak en as te gaan zitten. Nu iedereen op de computer dezelfde trucjes kan uithalen, is zelf schrijven en mooie letters maken weer helemaal in de mode. Je moet er natuurlijk wel voor zorgen dat je werkstuk er verzorgd en goed leesbaar uitziet. Maar met de tips uit dit hoofdstuk ziet jouw handgeschreven werkstuk er straks prachtig uit.

### Zo schrijf je netjes
Netjes schrijven begint met je pen goed vasthouden. Dat heb je eigenlijk al in groep drie geleerd, maar je zult ervan versteld staan hoeveel kinderen hun pen niet goed vasthouden.
Als je links bent, zitten je vingers iets verder van de punt af dan bij rechtshandigen. Let erop dat je je pen losjes vasthoudt tussen je duim en je wijsvinger. Laat de pen rusten op je middelvinger. Zet je middelvinger dus niet op de pen.

Om goed en netjes te kunnen schrijven, is het belangrijk om je stoel goed aan te schuiven en je papier zo ver naar voren te leggen dat je hele arm op de tafel kan liggen. Houd je papier vast met de hand waar je niet mee schrijft.
Zorg voor goed licht. En neem een pen die fijn schrijft. Een vulpen werkt wel

mooi, maar als jij een kliederaar bent, kun je beter een fijnschrijver nemen.

Je snapt wel dat je erop moeten letten netjes op de lijntjes te schrijven. Misschien heb je nog wel een schrift uit groep drie of vier. Het is echt niet gek om nog eens na te kijken hoe je toen schrijven hebt geleerd. Je leerde tussen drie regels te schrijven. De staarten van de g, de p en de j raakten de onderste regel. De bovenkanten van de t, de h, de l, de k, de d en de b raakten de bovenste regel. Alle letters stonden even schuin. Rechtop of een tikje naar rechts ziet er het mooiste uit. Maak de stokken en de staarten van de letters niet te lang.

*Zo leerde je schrijven*

### Kantlijnen
Op de computer stel je kantlijnen in. Meestal is er al een standaardinstelling. Als je zelf schrijft, moet je dat ook doen. Je kunt natuurlijk lijntjespapier nemen, daar staan al kantlijnen op. Maar het is mooier om op papier zonder lijntjes te schrijven.
Zet met potlood heel dun kantlijnen, zowel onder, boven, links als rechts. Binnen die lijnen ga jij schrijven. Je zult zien dat dat veel mooier is dan bijvoorbeeld helemaal doorschrijven tot aan het eind van het papier.
Leg onder het papier een vel lijntjespapier. Je kunt dat bij de kantoorboekhandel kopen of zelf maken. Dat lijntjespapier schijnt door je papier heen, zodat jij toch 'op de lijntjes' kunt schrijven en je tekst er netjes verzorgd uitziet. Een zelfgeschreven tekst op papier zonder lijntjes ziet er erg mooi uit. Mooier dan op lijntjespapier. Je moet natuurlijk wel de tijd nemen voor het schrijven!

### Maak een kladversie
Tja, hoe mooi het ook wordt, het is niet gemakkelijk om een handgeschreven werkstuk te maken... Het slimste om te doen is namelijk eerst een kladversie maken. Die kladversie schrijf je gewoon achter elkaar door. Je weet dan precies hoeveel ruimte de tekst inneemt. Je kunt dan gemakkelijk een indeling maken door te bepalen waar de plaatjes moeten komen en waar de tekst. Lees hoofdstuk 10 goed door en pas wat mogelijk is toe op je handgeschreven werkstuk.

### Lettergrapjes
Met zelfgeschreven letters kun je allerlei grappige dingen doen. Kijk maar eens of er iets voor je bij is.

Trek eerst drie evenwijdige golvende lijnen dun met potlood. Dit kan bijvoorbeeld door twee of drie potloden aan elkaar te plakken. Schrijf er een mooie golvende tekst tussen en gum daarna de potloodlijntjes uit.

Met een passer of met een bord, dat je telkens opschuift, kun je deze gebogen lijnen maken. Laat deze lijntjes staan. En schrijf de tekst met blokletters.

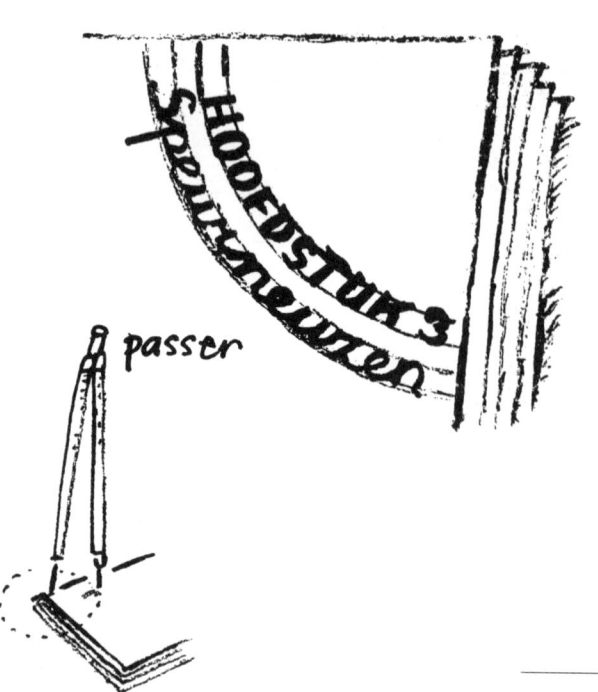

### Een mooie kop
Op de computer maak je een kop van hupsakee, flats, flats. Als je met de hand schrijft, kun je er een kunstwerkje van maken. Hoe? Nou zo!

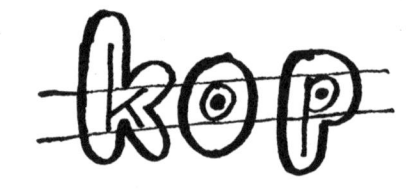

Schrijf de kop met hulplijntjes van potlood. Teken daarna met ronde uiteinden om iedere letter een lijn, zodat de letter dikker wordt. Laat de letters eventueel over elkaar heen vallen. Gum de binnenste potloodlijntjes weg en trek de buitenlijn over met een viltstift. Je kunt iedere letter een andere kleur geven. Je kunt de letters ook helemaal inkleuren.

Plak twee pennen of potloden van dezelfde kleur of juist verschillende kleuren met een plakbandje aan elkaar. Zorg dat de punten, als je de pennen vasthoudt, allebei het papier raken. De een moet dus iets lager zitten dan de ander. Oefen maar eens. Je kunt zo hartstikke mooie letters maken. Je kunt ze ook inkleuren.

Voor een kop is zoiets wel leuk. Je moet er alleen niet aan denken met deze letters een heel werkstuk te moeten schrijven!

*De eerste letter*

Het is heel mooi om de eerste letter van een hoofdstuk heel groot te maken en te versieren. Als dit tenminste past bij het onderwerp van je werkstuk. Bij geschiedenis past het bijvoorbeeld heel goed en ook bij mysterieuze onderwerpen. Het past minder bij een modern of technisch onderwerp. Teken met potlood een vierkantje en teken daar een mooie letter in. Versier de binnenkant van die letter met een patroon. Weinig werk, veel resultaat!

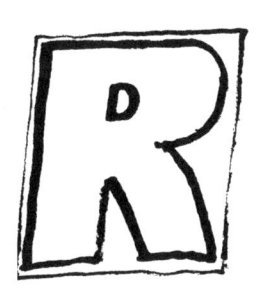

# 9 Zelf foto's maken

Lees jij al de krant? Vast nog niet zo vaak. Er staan niet veel plaatjes en foto's in de krant. En dan heb je veel meer moeite om aan een artikel te beginnen. Met jouw werkstuk is het al net zo. Staan er aantrekkelijke tekeningen of foto's bij, dan heeft jouw juf of meester veel meer zin om te gaan lezen. In veel gevallen zijn plaatjes ook nodig om iets uit te leggen. Vertel in woorden maar eens wat een helikopter is. Dat is heel lastig. Met een foto van een helikopter is het meteen duidelijk.

Je kunt op verschillende manier aan plaatjes komen. Je kunt zelf tekeningen maken. Je kunt ook tekeningen of foto's uit bladen of boeken knippen. Het loont de moeite om in tweedehandsboekwinkels te snuffelen. Daar vind je vaak voor een habbekrats handige boeken met informatie en de mooiste plaatjes. Het allerleukste is misschien om zelf foto's te maken bij je werkstuk. Natuurlijk moet je onderwerp er wel geschikt voor zijn. Maar je zult zien dat je juf of meester onder de indruk zal zijn. Waarschijnlijk hebben jullie thuis wel een fototoestel. Anders voldoet een wegwerpcamera ook prima.

### *Zo maak je zelf de mooiste foto's*

*Tip 1*
Vergeet nooit een rolletje in je fototoestel te doen.

*Tip 2*
Denk er goed over na wat je op de foto wilt zetten. Een vaak gemaakte fout is dat mensen van te veraf fotograferen. Probeer er niet meer op te zetten dan nodig is. Als je wilt laten zien hoe de banketbakker een roosje van marsepein maakt, moet je de foto van dichtbij nemen. Let op dat je niet te dichtbij komt. Houd minstens een meter afstand.

*Tip 3*
Let er ook op dat er niet te weinig op de foto komt. Een banketbakker zonder hoofd is een beetje slordig. Denk eraan dat je je fototoestel ook een slag kunt draaien. Meestal zijn foto's 'liggend'. Door je toestel verticaal te houden, krijg je een 'staande' foto: de onderkant is dan korter dan de zijkant.

*Tip 4*
Soms is het nodig aan je 'fotomodel' te vragen om even rustig aan te doen. Als de banketbakker zo wild staat te roeren, wordt de foto misschien niet scherp.

*Tip 5*
Houd je fototoestel stil als je afdrukt.

*Tip 6*
Zorg dat je vader en moeder niet in de weg lopen. Volwassenen vinden het leuker als een kind hen fotografeert dan als een andere volwassene dat doet. Tegenover een kind zijn ze spontaner. Met een ouder iemand in de buurt gedragen ze zich stijfjes. Bovendien hebben ouders altijd allerlei raadgevingen, waardoor je alleen maar de kluts kwijtraakt. Aan de tips hier heb jij genoeg.

*Tip 7*
Vraag de banketbakker gerust om een beetje toneel te spelen. Laat hem bijvoorbeeld lekker van de slagroom snoepen.

*Tip 8*
Als je buiten fotografeert, kun je beter niet tegen de zon in fotograferen. Dan wordt je foto te donker. Als je de flits aanzet, lukt het vaak wel.

*Tip 9*
Probeer zoveel mogelijk gekleurde dingen op de foto te krijgen. De foto wordt dan vrolijk. Moet je een man op de foto zetten? Kies er dan een met een gekleurde trui en niet een met een grijs pak aan.

# 10 Een omslag, een map of een boekje

Geloof het of niet, maar voor een werkstuk dat er mooi uitziet, krijg je bijna altijd een goed cijfer. Het eerste dat van een werkstuk immers opvalt, is: hoe ziet het eruit? En hoe slim de inhoud ook is, die eerste indruk staat al vast. Het werkt hetzelfde als wanneer je een belegd broodje in een restaurant bestelt. Dat ziet er veel lekkerder uit dan een broodje uit je broodtrommel.
Op de buitenkant van je werkstuk ga jij je dus even uitleven. Die goede indruk heb je dan tenminste alvast binnen!
Als jij de omslag van een boek saai of tuttig vindt, zul je dat boek niet zo snel gaan lezen. Versier je werkstuk met mooie letters en plaatjes. Op de omslag van je werkstuk verdient de titel aandacht. Heel mooi is het, als je de letters van de titel eerst tekent en daarna van papier uitknipt. Maak een hulplijntje en plak de letters netjes naast elkaar. Daar kan geen computer tegenop!
Je kunt ervoor kiezen om je werkstuk als losse blaadjes in een map te doen of om een kaft te maken en er een echt boekje van te knutselen.

**Netjes in een map**
Het voordeel van een map is dat je er altijd nog een blaadje tussen kunt stoppen, als je iets vergeten hebt. Ook kun je, als je iets fout hebt gedaan, gemakkelijk een bladzijde vervangen. Bij een boekje kan dat niet.
Je kunt zelf een map maken, maar er zijn natuurlijk ook kant-en-klare mappen te koop bij warenhuizen en kantoorboekhandels. Je kunt de vellen van je werkstuk perforeren en in een ringband doen. Er zijn ook speciale plastic ruggen waartussen je de vellen kunt klemmen of plastic mappen waar je ze in kunt steken. Zet op de map je naam, je groep, de datum en het onderwerp. Met wrijfletters en plaatjes wordt jouw map een topper.

### Oersterk: een kaft

Een kaft om je werkstuk is net zo belangrijk als een omslag om een boek. Doe er dus even je best op.

*Dit heb je nodig:*
- twee stukken dun karton die net zo groot zijn als je bladzijden, waarschijnlijk A4
- een klem en houtlijm of een dikke naald en garen
- breed plakband
- wrijfletters en plaatjes

*Zo doe je het:*
Leg onder en boven de stapel papier van je werkstuk twee kartonnen vellen A4. Klem de stapel vast. Leg een liniaal op 0,5 tot 1 centimeter van de rug en prik om de 2,5 centimeter een gaatje door de hele stapel heen. Gebruik daarvoor een dikke naald of een priem.
Naai de kaft daarna dicht. Kies mooi garen of dun touw.

### Zo maak je een echt boekje

Kun je een beetje netjes werken? Vind je het leuk om een echt boekje te maken van je werkstuk? Volg dan deze stappen. Je werkstuk moet wel 6 (of 10, 14, enz.) bladzijden tellen. Je kunt natuurlijk altijd blanco velletjes ertussen doen waar je later foto's e.d. op plakt. Je maakt zo'n mooi boek, dat je het de rest van je leven bewaart, al word je tachtig!

*Dit heb je nodig:*
- enkele stroken karton
- lijm
- naald en draad
- vel A3-karton

*Zo doe je het:*
Neem een aantal stroken dun karton van 6 tot 8 centimeter breed en even lang als een bladzijde van je werkstuk. Per vier A4-tjes heb je één strook nodig. Geef de stroken in de lengte over het midden een rillijn met een schaar en vouw ze dubbel.

Leg eerst de pagina's op de goede volgorde. Het eerste en laatste vel blijft wit (daar plak je later je kaft op). Leg de witte vellen op je bureau tegen elkaar aan en smeer de vellen helemaal met lijm in. Leg dan daarop een strook karton en smeer die ook in met lijm. Zorg dat de rillijn van de strook precies tussen de twee vellen ligt. Lijm dan de achterkant van de eerste bladzijde van je werkstuk op het linkervel.
Doe hetzelfde met de laatste bladzijde, maar plak die op het rechtervel. Leg daarna pagina 2 met de bedrukte kant naar beneden op pagina 1, en de één na laatste pagina met de bedrukte kant naar beneden op de laatste pagina. Smeer de blanco achterkanten in met lijm en leg daarop weer een strook karton. Ook hier moet de rillijn precies tussen de twee vellen liggen.

Ga zo door tot je al je pagina's van je werkstuk hebt verwerkt. Naai daarna de kartonnetjes met naald en draad precies in het midden vast.
Om de kaft te maken, maak je twee rillijntjes vlak naast elkaar in het midden van het A3-karton. Vouw het dubbel op de lijnen en lijm het vast tegen de eerste en laatste bladzijde. Versier deze kaft zo mooi als je kunt.

*Tip 1*
Maak het boekje eerst volgens de beschrijving maar dan zónder lijm te gebruiken. Zo zie je precies wat de bedoeling is.

*Tip 2*
Je kunt ook een losse kaft om je werkstuk maken. Als je dan het binnenwerk vastnaait, zoals hierboven beschreven, moet je meteen het karton van de kaft mee vast naaien. Zorg dan wel dat je garen kiest dat mooi bij de kleur van de kaft past.

*Tip 3*
Kom je niet precies uit met het aantal bladzijden? Maak dan nog een extra bladzijde met een mooie tekening of foto.

# 11  De beste spreekbeurttips

Lijkt het je eng om voor de klas een spreekbeurt te houden? Ben je bang dat je niet uit je woorden komt? Of dat je wordt uitgelachen? Lees deze spreekbeurttips en er kan niks misgaan.

De voorbereiding voor een spreekbeurt is voor een groot deel hetzelfde als de voorbereiding voor een werkstuk. Ook nu kies je een onderwerp. Ook nu ga je daarna informatie verzamelen. Ook nu moet je bedenken wat je wilt vertellen en je informatie gaan ordenen. Je kunt alle aanwijzingen hierover in dit boek gebruiken voor je spreekbeurt. Maar daarna wordt het anders. Je hoeft jouw verhaal namelijk niet netjes uit te typen. Schrijf je verhaal wel op om voor jezelf zeker te weten dat je niets vergeet.

## Tip 1
Schrijf de belangrijkste punten uit je verhaal op een vel papier. Alleen dit vel met aantekeningen houd je bij je als je voor de klas staat. Als je het hele verhaal meeneemt, loop je namelijk het risico dat je een voorleesbeurt houdt en geen spreekbeurt! Bovendien raak je snel de draad kwijt en duurt het vaak lang voor je gevonden hebt waar je gebleven was. Nu kun je snel op je papier met aantekeningen kijken om de draad weer op te pakken. Laat tussen de punten die je opschrijft wat tussenruimte. Zo vind je gemakkelijk terug waar je bent gebleven.

## Tip 2
Oefen je spreekbeurt goed van tevoren. Vertel je verhaal bijvoorbeeld aan je

ouders of een broer of zus. Die broer of zus mag je natuurlijk niet gaan plagen. Daar schiet je niks mee op.
Doe net alsof je een spannend verhaal vertelt.
Heb je je spreekbeurt voor de zekerheid helemaal uitgeschreven, lees je tekst dan een paar keer hardop voor. Je merkt vanzelf wanneer een zin niet lekker loopt. Verander die dan!
Let goed op dat je stem naar beneden gaat bij het einde van een zin. En dat een vraag ook echt als een vraag klinkt. Je toon gaat op het eind van een vraag omhoog. Probeer maar eens uit. Misschien is het een idee om je spreekbeurt voor een spiegel te oefenen.

## Tip 3
Denk vooruit en regel van tevoren een hulpje als je iets uit wilt delen of laten zien. Een vriend of vriendin kan dat mooi voor je doen. Wil je tekeningen op het bord maken of wat begrippen opschrijven? Dat kan allemaal voor je begint, bijvoorbeeld in de pauze.
Iets laten zien kan je spreekbeurt levendig maken. Op de site www.taptoe.nl staan bij ieder onderwerp goede tips. Houd je een spreekbeurt over een land, dan is het leuk om een kleine traktatie uit dat land uit te delen. Denk ook aan muziek uit dat land, souvenirs die je hebt meegenomen en spulletjes die je hebt aangevraagd. Veel landen hebben hun eigen site.

## Tip 4
Ben je misselijk van de zenuwen? Zeg dan gewoon tegen de klas: 'Ik ben best zenuwachtig.' Je zult zien dat het meteen een stuk minder wordt.
Of ben je bang dat je een rood hoofd krijgt? Wist je dat in Nederland 800.000 mensen last hebben van blozen? Dat kun je ook zeggen voor je begint: 'Ik word soms een beetje tomatig. Daar hoeft niemand me om uit te lachen.' De kans is heel groot dat je nu niet eens een rood hoofd zult krijgen. Een rood hoofd krijg je namelijk vaak doordat je bang bent dat je het krijgt. Nu weet de klas het toch al!
Niemand vindt het gek dat je het eng vindt om een spreekbeurt houden. Dat vindt bijna iedereen. Haal rustig adem en sta en loop rechtop. Als jij met je houding laat zien dat je niet bang bent, word je vanzelf rustiger. Het scheelt ook als je de klas aankijkt en met een paar kinderen die je vertrouwt af en toe oogcontact hebt. Probeer niet ieder-

een aan te kijken, want dan raak je de kluts kwijt.

Misschien vind je het te moeilijk om de klas aan te kijken. Misschien ben je bang om afgeleid te worden. Of wil je niet het risico lopen dat de leukste van de klas een geintje met je uithaalt. Zoek dan een punt achter in de klas, net boven de hoofden van de kinderen. Dan lijkt het of je hen aankijkt, maar toch doe je dat niet. Ga in geen geval naar het papier met aantekeningen kijken. Dan ziet niemand je gezicht. De klas vindt het niet leuk om naar een gebogen hoofd te kijken en jij voelt je alleen maar zenuwachtiger.

*Tip 5*
Probeer voor de klas niet te zacht te praten of onverstaanbaar te mompelen. De kinderen in de klas verstaan je dan niet en raken hun belangstelling kwijt. Ook is het niet goed voor je zelfvertrouwen. Als je hard genoeg praat, voel je je vanzelf zekerder. Je durft gemakkelijker een grapje te maken of bijvoorbeeld een beetje griezelig te kijken, wanneer dat zo uitkomt. Probeer ook niet alles op één toon, in één dreun te zeggen. Dit kan vooral gebeuren als je je spreekbeurt voorleest of uit je hoofd hebt geleerd. Denk er maar aan dat je iets ontzettend spannends te vertellen hebt.

Als er kinderen beginnen te kletsen, ga je niet schreeuwen. Vraag gewoon rustig of iedereen zijn mond wil houden, omdat je graag verder wilt gaan.

*Tip 6*
Neem de tijd voor je spreekbeurt. Ga niet met een sneltreinvaart door je verhaal heen. Houd af en toe een kleine pauze, als je aan een nieuw onderwerp begint. Voor jouw gevoel duurt stilte heel lang. Voor de klas niet, daar is het juist fijn voor.

Je hoeft ook helemaal niet bang te zijn als je het even niet weet. Raak niet in paniek. Zoek in je aantekeningen en ga gewoon verder. Je hebt grote kans dat de klas het niet eens merkt. En vind je het echt moeilijk? Dan zeg je gewoon: 'Oeps, ik ben even kwijt waar ik gebleven was.'

## Tip 7
Let er een beetje op hoe je erbij staat. Ga niet staan krabben of in je neus peuteren. Sta niet te wiebelen. Snuit je neus van tevoren en ga naar de wc. Zorg dat je gulp dichtzit. Trek kleren aan die je goed staan en waar jij je lekker in voelt. Draag geen knellende, ongemakkelijke kleren. Als je een kostuum kunt dragen dat bij het onderwerp van je spreekbeurt past, ben je helemaal klaar. Want als jij als brandweerman komt, bijvoorbeeld, speel je een rol en dat is gemakkelijker dan wanneer je daar als jezelf staat.

## Tip 8
Zorg dat je spreekbeurt verrassend is. Laat af en toe een voorwerp zien dat bij

je onderwerp past, maar nooit iets wat iedereen kent. Dus niet: 'Dit is een baksteen', maar wel: 'Dit is turf'. Laat iedereen het voorwerp goed bekijken. Je kunt ook plaatjes en foto's laten zien. Dat werkt het beste als je hulpje even rondgaat in de klas. Dat gaat snel en jij kunt je intussen voorbereiden op het volgende stuk tekst. Als je iets doorgeeft in de klas, duurt het te lang en zijn de kinderen snel afgeleid. Leg al het materiaal op een tafel. Na afloop kan iedereen de spullen nog eens bekijken. Het helpt heel erg als je tussendoor een grapje vertelt of een bijzonder weetje.

## Tip 9
Probeer een leuk begin te maken. Een grapje of verhaaltje doet het altijd. Je kunt ook iets over een krantenbericht zeggen. Bijvoorbeeld zo: 'Een tijdje geleden las ik dit bericht in de krant. In Amstelveen was een partij doodshoofd-aapjes gevonden, bedoeld om te verkopen. De aapjes waren er slecht aan toe en worden nu opgevangen door Stichting AAP. Ik werd zo nieuwsgierig naar dat opvangcentrum voor apen, dat ik er meer over wilde weten.'
Begin je spreekbeurt in elk geval nooit met: 'Ik houd mijn spreekbeurt over Stichting AAP.' Dat is het saaiste begin dat je maar kunt bedenken.

## Tip 10
Vergeet dit nooit: jij bent degene die het meeste van het onderwerp van je spreekbeurt af weet! Jij bent de expert.

# 12 De Nationale Spreekbeurtactie

Er zijn twee redenen waarom je mee zou kunnen doen aan de Nationale Spreekbeurtactie: of je weet nog steeds niet waarover je je spreekbeurt zult doen; of je wilt graag iets vertellen over kinderrechten.

De Nationale Spreekbeurtactie is een initiatief van Unicef. Unicef is het Kinderfonds van de Verenigde Naties en werd in 1946 opgericht. Unicef geeft kinderen voedsel, medische hulp, onderwijs, water en bescherming. Vlak na de Tweede Wereldoorlog hielp Unicef de kinderen in Europa. Nu gaat het vooral om kinderen in Afrika, Azië, Latijns-Amerika en Oost-Europa. In meer dan 160 landen komt Unicef op voor de rechten van het kind. Het Verdrag voor de Rechten van het Kind is in 1989 aangenomen door de Verenigde Naties. Bijna alle landen ter wereld hebben het verdrag ondertekend. Dat betekent dat ze verplicht zijn zich aan de regels te houden.

Dit zijn een paar belangrijke kinderrechten:
- Alle rechten gelden voor alle kinderen over de hele wereld.
- Je hebt recht op een naam en een nationaliteit.
- Je hebt recht op bescherming tegen kinderarbeid.
- Je hebt recht om je mening te geven en informatie te verzamelen.

- Je hebt recht om op te groeien bij familie.
- Je hebt recht op een veilig en gezond leven.
- Als je gehandicapt bent, heb je recht op bijzondere zorg.
- Je hebt recht op onderwijs.
- Je hebt recht op bescherming tegen mishandeling en geweld.
- Je hebt recht op spel en ontspanning.
- Je hebt recht op speciale bescherming bij oorlog.

**Dag van de Rechten van het Kind**
Elk jaar is op 20 november de Dag van de Rechten van het Kind. Op of rond die dag houden veel kinderen een spreekbeurt over kinderrechten. Unicef is met de actie begonnen, omdat het belangrijk is dat kinderen weten wat hun rechten zijn. In het verdrag staat zelfs dat kinderen recht hebben op informatie over kinderrechten. Het is het mooist en het leukst als kinderen daar zelf iets over aan andere kinderen vertellen!
Elk jaar staat er één kinderrecht centraal. En elk jaar kunnen kinderen in Nederland meebeslissen over welk recht de Spreekbeurtactie het volgend jaar moet gaan. De ene keer is het thema het recht van kinderen in Bangladesh op een gezond en veilig leven, zoals in 2002. De andere keer heeft Unicef veel aandacht voor weeskinderen.

*Wil je meedoen aan de Spreekbeurtactie?*
Vanaf september kan je juf of meester voor jou bij Unicef een gratis spreekbeurtpakket voor de actie aanvragen. Daarin vind je van alles over kinderrechten, het verdrag en het recht dat centraal staat. Je krijgt tips voor het houden van een spreekbeurt, een poster en spulletjes om uit te delen in de klas. Ook krijgt elk kind in de klas het tijdschrift *Kids United*. En er is zelfs een voorbeeld van een bericht voor de krant bij. Dan kun je gemakkelijk de pers uitnodigen voor de actie op jullie school. Je juf of meester moet dan bellen naar 070 333 93 00 of mailen naar info@unicef.nl.
Natuurlijk kun je je informatie ook zelf verzamelen bij de bieb of op het internet: www.unicef.nl.

*Een spreekbeurt over Kinderrechten*
Kun je 20 november niet? Geen probleem. Het hele jaar door kun je boekjes aanvragen over onder meer de volgende onderwerpen: De Rechten van het Kind, Unicef, Straatkinderen, Water, Onderwijs, Gezondheidszorg, Voeding en voedsel, Kinderen in moeilijke

omstandigheden en Kinderarbeid.
De boekjes zijn gratis. Alleen als je er meer dan vijf aanvraagt, kosten ze € 1,- per stuk. Aan zo'n boekje heb je veel. In het boekje over straatkinderen vind je bijvoorbeeld het verhaal van Julia (12 jaar).
Julia woont op straat in Moskou en verdient geld met ramen wassen van auto's. Ze slaapt ook op straat met een groepje vrienden. Ze zag het niet meer zitten om thuis te wonen met een moeder die meestal dronken was. Haar vader had al jaren niets meer van zich laten horen. Julia gaat niet meer naar school. Ze snuift lijm. Daar voelt ze zich fijner door. Haar hongergevoel gaat er ook door weg. Gelukkig zijn er ook mensen die proberen het vertrouwen van Julia te winnen om haar te kunnen helpen een beter leven te krijgen.
Je kunt ook over andere straatkinderen in andere landen lezen. Er zijn meer dan 100 miljoen straatkinderen, die vooral in grote steden leven. Zelfs in Nederland leven ongeveer 7.000 straatkinderen. Natuurlijk vind je in het spreekbeurtenboekje informatie over het werk van Unicef en wat jij kunt doen om straatkinderen te helpen.

## Index

Aantekeningen maken 42
Alinea 45
Auteurswet 47
Bibliotheek 18
Brainstormen 39
Catalogus 18
Colofon 21
Cursief 51
De Kijkdoos 20
Dierentuinen 32 e.v.
DocuKit 21
Documentatiecentrum 20
Echt boekje 62
Enquête 30
Foto's maken 58
Gratis internetten 19
Handgeschreven werkstuk 54
Hoofdstukken 44
Indeling 44
Informatie 20
Interessante onderwerpen 14
Internet 19, 22
Interview 28
Interviewtips 29
Invalshoek 11
Junior Informatie 20
Kaft 62
Kantlijn 50

Kladversie 55
Koppen 45
Lay-out 52
Lettergrapjes 55
Lettertype 50
Map 61
Mini Informatie 20
Mompelen 66
Musea 32 e.v.
Nationale Spreekbeurtactie 69
Nummering 52
Oefenen 65
Onderstrepen 51
Onderwerp kiezen 10
Onderwerptest 13
Opbouw 45
Opmaak 50
Planning 9
Rood hoofd 65
Schrijven 43
Search engine 23
Spelling- en grammaticacontrole 47
Spreekbeurtenpakket 31
Spreekbeurtensites 24
Spreekbeurttips 64
Stappenplan 43

Verdrag voor de Rechten van het Kind 69
Verplicht onderwerp 14
Versieren 53
Vet 51
Vormgeven 50
Woordenlijst Nederlandse taal 47
Woordveld 40
Zappend lezen 41
Zenuwachtig 65
Zoeken naar informatie 18
Zoekmachine 23